U0518187

做强大而不强势的父母

〔德〕保罗娜·肖伯特 著

李兴 译

中信出版集团

图书在版编目（CIP）数据

做强大而不强势的父母 /（德）保罗娜·肖伯特著；
李兴译 . —北京：中信出版社，2022.1
书名原文：Starke Kinder brauchen starke Eltern
ISBN 978-7-5217-3598-7

I. ①做… II. ①保… ②李… III. ①家庭教育
IV. ① G78

中国版本图书馆 CIP 数据核字（2021）第 187331 号

© Paula Honkanen-Schoberth, Starke Kinder brauchen starke Eltern
first published by Verlag Herder GmbH, Freiburg im Breisgau, Germany
Simplified Chinese transiation copyright © 2022 by CITIC Press Corporation
ALL RIGHTS RESERVED
本书仅限中国大陆地区发行销售

做强大而不强势的父母
著者： [美]保罗娜·肖伯特
译者： 李兴
出版发行：中信出版集团股份有限公司
　　　　（北京市朝阳区惠新东街甲 4 号富盛大厦 2 座　邮编　100029）
承印者： 北京通州皇家印刷厂

开本：787mm×1092mm 1/16　　　　印张：11.5　　字数：150 千字
版次：2022 年 1 月第 1 版　　　　　印次：2022 年 1 月第 1 次印刷
京权图字：01-2021-4818　　　　　　书号：ISBN 978-7-5217-3598-7
定价：49.00 元

版权所有·侵权必究
如有印刷、装订问题，本公司负责调换。
服务热线：400-600-8099
投稿邮箱：author@citicpub.com

目 录

第
1
章
我有怎样的
价值观和教育目标？

第2章 我如何增强孩子的自我价值感？

第3章 当孩子遇到问题时，我能怎样帮助他？

第 4 章 遇到问题时，我能做什么？或者说，我如何表达自己的需求？

第 5 章 我们如何解决家庭中的冲突？

附件

序一

张皓

受朋友之托，要写一下《做强大而不强势的父母》的序言。打开书开始阅读的过程，有点像进入一个新的风景区，去感知、去了解、去发现。我想说，阅读这本书是一个不断产生认同和深刻共鸣的过程。我首先遇到的是一个有关价值观和教育目标的问题。

"价值观和教育目标的问题有时并不容易回答。但作为父母，我们不得不思考这个话题，因为这是值得的。我们需要知道，对于我或我们而言，什么是重要的。这为我们的日常生活提供了方向和立足点。不论是给孩子设立边界、禁令，还是鼓励、要求他们，其依据都来自我们的价值观和教育观。甚至可以说，在回答价值观与教育目标等问题之前，我们需要先思考一个更基本的问题：我为什么该要、想要或愿意要孩子？"这里所表述的价值观或许不仅仅是所谓人类基本的价值取向，比如正直、善良、尊重、勤奋等等。当然，在当今社会中，价值观的教育迫在眉睫。在我们的教育和生活中，因为价值观的混乱而产生的问题比比皆是，甚至一些人类文明的基本红线都已受到挑战。比如，关于尊重生命、关于尊重诚实劳动、关于坚韧和耐性、关于金钱和性等等。除此之外，本书所指的价值观还包括了关于教育的价值观。简单地说，就是除了善恶是非等道德观念，还包括了怎样进行教育以及进行怎样的教育等深刻的问题。因为长期从事教育工作，我有大量的机会和家长们探讨家庭教育的问题，我发现家长们往往过于关注某个自己不满意的现象，比如孩子成绩不好、产生网瘾等，他们很想从你手里要到一服灵丹妙药，给孩子服用下去，问题从此就能消失。我时常拿一棵树来做比喻，我们现在发现树叶长得不好，叶子黄了或者长虫了。我们迫切希望树叶变好，但却对树枝、树干、树根、土壤等都不感兴趣。不寻求问题的根本原因而只希望有一片漂亮的叶子，这怎么可能？价值观的问题就是解决教育源头的问题，值得人们花大力气去讨论。

当然，在书中，作者不止一次地提到她推崇的亲子关系是权威型教育的关系。这就是一个有关树干甚至树根的问题。或许因为作者生活在赫尔巴特的故乡。约翰·弗里德里希·赫尔巴特是19世纪德国哲学家、心理学家、科学教育学的奠基人。在近代教育史上，没有任何一位教育家可与之比肩。他的教育思想对当时乃至之后近百年的学校教育实践和教育理论的发展产生了巨大、广泛而又深远的影响。在西方教育史上，他被誉为"科学教育学的奠基人"，在世界教育史上，则被称为"教育科学之父""现代教育学之父"，而反映其教育思想的代表作《普通教育学》则被公认为是第一部具有科学体系的教育学著作。他提出的五大原则就是教育应当遵循的基本价值观：1. 内心自由，个人意志与判断的关系，指一个人有正确的思想或对真善美有明确的认识。2. 完善，多方面意志（强度、多样性和集中）的相互关系。3. 仁慈，个人意志与他人思想之间的关系，即绝对的善，要求无私为他人谋福利。4. 正义，即守法，要求避免不同意志之间的冲突，并按照人们自愿达成的协议解决冲突。5. 公平，善有善报，恶有恶报。

同时，赫尔巴特被看作传统教育的代表人物，他主张教师或家长在学生面前要保持权威态度，教育内容、教育时间、教育评价等要由教师或家长决定。我在这里之所以特别提出赫尔巴特的教育观，实际上是针对当下的家长不作为、家长地位模糊不清、家长有义务没权利等问题。有些教育观片面强调和孩子做朋友，而忽略了家长首先是家长。家长是孩子的管理者、教育者、保护者、陪伴者、供养者。

本书用了大量的篇幅介绍如何与孩子对话，如何解决生活和学习中的具体问题，为广大家长提供了可以直接学习、参考的具体教材，也是心理咨询师学习的极好材料。

这里有两个问题提出来供大家思考。第一个是东西方文化差异，东方文化宏观抽象，西方文化具体可操作。简单举例，关于智慧的解读，西方心理学用智力维度来解释，甚至最后用智力商数来精确描述，并且做出了超常、低常等状态的曲线图。东方哲人解释智慧很抽象，让人去"悟"，比如寂天菩萨所谓智慧就是"饿了就吃、困了就睡"，实际上是指引人们寻找规律，按照规律去行事。在这样的哲学观念影响下，我们对待孩子的问题很可能就是一个做法——"教育就等于说"。我们把那些颠扑不破的真理不厌其烦地反复讲，以至于孩子们都能讲出很多大道理，但对于眼前遇到的困惑却茫然无措。还有人在长大成人之后有感而发，我现在终于知道我爸妈讲的是什么意思了。这不得不说是一个遗憾。讲这一段的意思绝不是说我们的道理可以不讲了，恰恰相反，在今天要做好父母，在道德认知能力上还得加强。因为孩子们获得资讯的途径增加了，家长教会孩子明辨是非、甄别真理的任务就更为棘手了，需要认真对待。对待具体问题的时候，如果能够把东方的抽象的道理和西方的可操作的程序、手段相结合，那就如虎添翼。

第二个问题，在高校心理学院工作多年，我发现在一些心理学院的学生身上出现的一个普遍现象，就是把复杂的教育问题简单化、程序化、表面化。比如，一个小孩一做作业就哭，妈妈骂也骂了、打也打了，还是解决不了问题。请教了心理学院的学生，学生推荐了代币制方法，也就是当孩子表现好的时候给他奖励小红花，积累足够的小红花就可以兑换喜欢的东西。妈妈尝试了，还是没有效果。这就是一个典型的"有方法没有问题"的案例。学生们学习了很多方法，但是不会分析教育现象，抓不到问题实质。这个案例中，小朋友做作业的时候遇到了什么问题？他的感受是什么？他想要怎么做？我们一切都不了解，以至于所有的方法都失灵了。

在《做强大而不强势的父母》一书中，我们欣喜地看到了作者对教育问题的深入分析和对具体问题的有效解决，它是广大学习教育学、心理学的同学可借鉴的珍贵资料，更是父母们学习做好家长的珍贵宝典。

2021 年 8 月 22 日

张皓

○　四川师范大学心理学院教授、硕士生导师。中国心理学会学校心理专业委员会理事、中国家庭教育学会理事。中国家庭教育"十佳"公益人物。

序二

周晓波

家庭教育是不同民族、不同国家的共同话题。每个民族、每个国家都有一些开展家庭教育的普惠经验和知识，尤其是在当今国际文化交流日益增加的情况下，相互学习、相互借鉴、相互补充就更有价值和意义。这就是我们在推广当代家庭教育知识学习中所强调的国际视野。

纵观历史，横看世界，处在社会转型时期的中华民族，为了培养能够获得个人幸福、能够为社会做出贡献、能够在国际交往中平等待人取长补短的世界公民，在连接自身传统文化、继承祖先经验的同时，还必须重视心理学、教育学、社会学，以及医学、营养学、法学、史学等现代学科知识在当今家庭教育中的普及和应用。本书作者的一大特点，就是她有着良好教育学、心理学及社会学知识背景，并且在德国从事未成年人保护工作长达几十年之久。因此，无论是她的知识积累，还是经验提炼，都足以让我们的家庭教育工作者和专注于提高自己家庭教育水平的家长借鉴和学习。

　　本书是德国未成年人保护联盟目前正在德国实施的父母课堂"强大的父母，强大的子女"培训课程的教材。仅凭这一点，就值得引起我们的重视。作者认为：引导型的养育风格既不是专制型也不是放任型。父母们学习并体验如何做父母时，要在不采用体罚、心灵伤害或者其他有损尊严的养育措施的前提下，运用父母积极的权威力量。父母课程的目的是让孩子拥有话语权和参与权，发展他们组织领导的能力，把目光放到父母和孩子现有的优势上，而不是看到他们的不足。这是对该教材的指导理念的定位，我认为非常适合当今我国的家庭教育文化基础。它既不主张父母一切说了算，也不主张一切顺其自然，既不主张没有原则的赞美与表扬，更不主张体罚、讽刺和挖苦，而是主张在孩子拥有话语权和参与权的情况下，从父母与孩子所拥有的优势出发，引导孩子实现家长想要的可能。这样的态度和立场无疑是可以为我们的文化所接受的。

　　另外，本书以下的观念我认为对于家长也非常有借鉴价值，如：

○　家庭教育的重要内容是价值观的教育。

○　如何对待自己的孩子，要以保护和尊重儿童拥有的基本权益为前提。

○　家庭教育最重要的是父母的以身作则，而不是说教。

○ 无论孩子多么令你绝望，你都应该保持对孩子的爱，珍惜与孩子对话的机会，和孩子相互信任。因为关爱、接纳和信任是孩子最重要的需求。

○ 家长不能以保护孩子为由，切断孩子体验生活的途径。

○ 在孩子的成长过程中，我们家长应该退后一步，但又不能让孩子处于无助之境。

○ 父母应该给孩子传递这样的信号：父母是非常认真地对待孩子的感受的。

○ 家庭教育的目的不是消除日常生活中的一切矛盾和冲突，因为矛盾和冲突本身就是生活的一部分。而父母发生矛盾和冲突时，不应该把孩子放到裁判的位置上，逼着孩子站在自己的立场上。

○ 在家庭教育中，父母要防止对孩子的过度养育和过高要求。

以上这些观念完全应被作为家庭教育工作者和家长开展家庭教育的坚定信念来坚守，其中很多也是我国家庭教育工作者非常重视并反复强调的内容。

为了落实和实践上述建议，本书以案例、示范、作业的形式进行阐述，希望能让每个家长在日常与孩子相处时牢牢掌握并切实受益。

本书篇幅适中，指导具体，所谈内容又是家庭教育中最重要、最基本、最常见的问题，相信一定会引起我国家长的关注。

最后，本书译者是基于自己的亲身体会和家庭教育收获而形成了推荐热情，并因此走上从事家庭教育工作的道路，这样的经历值得引起从事家庭教育工作的同人的关注，相信大家一定会有意外的收获。他山之石，需要我们去比较，去磨砺，去学习。中国的家庭教育一定会在比较、吸收、学习中不断进步。中国的家长一定会在不断学习中成就自己。而做父母的我们不断学习，必将换来更多的和谐、幸福的家庭生活，换来孩子美好的人生和未来。

经廖江老师介绍，得以拜读《做强大而不强势的父母》并应邀作序。感谢著者，感谢译者，感谢廖江老师。

2021 年 8 月 20 日

周晓波

○ 四川省家庭教育研究会暨四川省家长学校总校顾问，成都市家庭教育促进会会长。

我为什么翻译这本书？

我为什么极力向中国的父母推荐这本书呢？读完下面这则小故事，您将会明白我的初心。

十多年前，在德国南部的一个小镇上，一位妈妈带着两位小朋友，妹妹学龄前，哥哥小学二年级。不知怎么了，一个多月来，哥哥每天放学回家后一小时左右，两个孩子准会打起来。哥哥推搡妹妹，妹妹不管手里拿着什么东西，就往哥哥头上敲。结果，妹妹被自己的举动吓哭，哥哥不知是真疼还是被吓住了，也哭起来。最后常常是两个孩子一起号啕大哭。妈妈对此束手无策，使出浑身解数都改变不了这个局面。她感觉茫然无助，整天盘旋在脑子里的就是怎么改变这个令人烦心的状况。甚至有一次，加完油后忘记付款，径直把车开走了，直到被警察找上门才想起。虽然照章付款后没留下任何不良记录，但还是让这位一向以好公民自居的妈妈濒临崩溃。这位绝望的妈妈就是当时身在异乡的我。

好在这件事发生后不久，我无意中在报纸上看到一条德国未成年人保护联盟举办的"强大的父母，强大的子女"培训课程的广告，每周一次，每次两小时，为期三个月。走不出思绪旋涡的我抱着试试看的态度报名了。在这个抽丝剥茧的过程中，与其他10位德国妈妈一起，我开启了这个令我终身受益的父母培训课程。在课上交流互动时我发现，育儿中很多棘手的问题，除了文化因素的影响以外也有其共性，可能某些冲突在某些家庭多些，在某些家庭少些，但家家都经历过养育过程中的苦恼。尽管问题形式多样，但万变不离其宗。这个学习过程化解了我内心深处的焦虑和不安，协助我弄清了育儿的本质。培训过后，即使再遇到棘手问题我也不会乱了章法，而是非常笃定，因为我心里有谱，行动上有步骤、有方法。虽然我之前也参加过不少亲子讲座，阅读过许多相关书籍和文章，但常常是只见树木不见森林，更多的是着眼于局部问题。而这套课程抓住了养育冲突的核心内容，对我有醍醐灌顶之效。

几年后，当我们举家搬回国内，孩子们因为多方面的不适应，导致家庭矛盾激增时，这套课程的理念协助我缓解了诸多焦虑；在孩子们青春期时，这套课程更是伴我走过某些暴风骤雨的时刻；如今孩子们去德国慕尼黑读大学了，这套课程又帮助我很快度过了分离期。两个孩子现在都信心满满，独立自主地追寻着属于他们的快乐人生。

最近几年，青少年心理健康、家庭教育问题受到父母甚至整个社会越来越多的关注，有很多专业书籍、相关培训和讲座，父母、学校都在积极寻找应对措施。但因为"强大的父母，强大的子女"是我自己亲试亲测的课程，在过去的十多年给了我们家强有力的支撑，所以在得知已经出版了与课程配套的德语版图书后我非常欣喜，十分渴望把这本书介绍给中国的家长朋友们。

在本书的翻译过程中，感谢我先生许凌翔博士、好朋友项敏琪女士以及其他几位老师的大力支持，感谢李勋、任老师搭桥引荐，协助联系出版社，最后更加感谢我儿子许慕野、女儿许嘉妮对我的鼓励和无尽的爱，非常荣幸能与他们共同成长。

本书虽然命名为《做强大而不强势的父母》，书中却很少提到"强大"这个词。我对一个人"强大"的理解是，当风浪来临时不会举棋不定、不知所措，而是有清楚的自我认知，内心安全、自信、坚定。只有与孩子朝夕相处的父母处于这种清晰笃定的状态时，养育的子女才会拥有自尊自强的自我价值感，才能真正充满实现自我的内在驱动力，家庭生活也才能伴随着更多的轻松与喜悦。

我为什么写这本书?

孩子的诞生,对于父母而言,一方面开启了他们生命中最美好的时刻,另一方面则有可能令他们原本平静的生活陷入绝望的深渊,这正是我写这本书的初心。孩子成长的过程中,我们会一直为他们操心,这是毋庸置疑的。不管是否愿意,即便过了义务养育期,我们仍会与孩子紧密联结并受其"牵制"。

在父母的角色中,我们也更深刻地意识到,我们是父母的孩子,曾经是,现在依然是。我们既是父母,也是孩子。教育孩子时,我们自己也受到了教育。自我教育、自我成长,是一个交互发生、充满矛盾的过程。人们可能是这么觉得的,我们也希望如此!

人们常说,孩子需要边界。在我看来,父母也需要边界。孩子会越界,父母也会。自我的持续成长与探索往往会使我们感受到身心的极限,如临深渊。当来到临渊之境，我们可能无法控制自己的情绪和行为。在此，我建议每一对父母做好心理建设。即使我们知道仍会不可避免地碰壁，但至少不会头破血流。

之所以写这本书，是因为我不仅是一位母亲，还是一名专业人士，即许多人口中的专家。我攻读了教育学、心理学以及社会学。我在寄宿学校工作过，并学习了家庭治疗法（精神分析与系统治疗），拥有多年为父母、儿童、青少年提供咨询的经验。我开设父母课程，培养专业课程导师，也在广播、电视和报刊上探讨过教育问题。另外，我养育了一个女儿并且一直陪伴她成长，见证了此过程中的每一个瞬间。现在，她已长大成人，就像人们说的那样，她已成才。我有时会想，我实在是太幸运了：我们家有一位慈父，提供了良好的基因，并拥有众多好友，以及常常伸出援手的"族人"，不论是在德国还是在芬兰。

那现在的我已掌握一切规律了吗？我能针对任何问题、任何状况随时给出正确的答案吗？不管过去还是现在，我能在任何情况下都心如明镜吗？不能！过去不能，现在依然不能。

提起某些"教育成果"，我至今都深感羞愧难当。因为教育从来不是一个简单的从 A 到 Z 的成功故事，不会一帆风顺。我们常常会感到不安，而这种不安全感，恰恰是父母能够敏锐感知和灵活应对的重要表现。

我会竭尽所能把我所知的、未知的都如实写在这本书里。我会谈论那些不确定的东西，谈论教育以及亲子关系中的那些疑问。我想鼓励父母自己去寻找答案，或者在和伴侣以及亲子的互动中一同去寻找答案。因为只有这样，我们才有可能找到最适合自己和孩子的方案。相信在孜孜不倦的探索之后，我们会成为最好的专家。

也许您对本书中某些内容持有异议，但我还是期待您一边阅读一边思考，并享受在此过程中的发现和乐趣。

— 案例 —

倾听的力量

我想给您讲一个小案例，就是这个案例，最初启发了我去做"强大的父母，强大的子女"的父母课堂。这是一个发生在一所寄宿学校的故事，我硕士毕业后的第一份工作就是在那儿管理女生宿舍，并担任她们的英语老师。

有天晚上，一个叫莉萨的女生来找我，她垂头丧气的，声音听起来很郁闷。

"肖伯老师，"她请求我，"您能给我一片止痛药吗？我头痛得厉害。"

"你昨天是不是也头痛了？你看上去闷闷不乐，发生了什么事吗？"

她深深地叹了一口气，沉默不语。

"如果你愿意，可以跟我说说！"

"好吧。"

她终于再次开口。

"是因为我的朋友们，已经好几天了。其实都是我的错，是我骗了她们。我向其中一个女孩撒了谎！谁知露馅了，现在她们都不理睬我了。我真的很抱歉。"

"原来是这样，我明白了！是这件事让你觉得难过？"

"是的。"

"你跟她们聊过了吗？说你感到很抱歉？"

"还没有，也许我应该先和玛丽谈谈。我先跟她撒的谎。"

"好主意，就这样做吧。"

她仍然迟疑地、苦恼地看着我。我给她递上一杯热茶，从她脸上我读到了她的忧愁：

"你看起来好像还有什么心事。"

"对，还有点儿事！"

"莉萨，因为我还要到宿舍巡查一圈并向大家道晚安，所以现在没法静心和你交流。等我一刻钟，我很愿意回来跟你继续聊。如果你愿意，就待在我房间里吧。"

她选择留了下来。

我们一起喝茶，她倾诉了有关她父母的事情。父母无休无止地争吵，她每时每刻都在担心父母会分居。最后她终于道出了真相，她妈妈患了一种致命疾病，这使她感到更加不安，特别煎熬。

面对这种情况，我们俩都感到一筹莫展！

但是第二天早上，当莉萨沿着走廊向我走来时，她很高兴，面带光彩，远远地就喊道：

"肖伯老师，我跟玛丽谈过了，我们又和好了！"

这件事给我留下了深刻的印象，它展示了倾听能给人带来的支持、慰藉和疗愈的强大力量——只需耐心、用心地去倾听，去陪伴。尝试用眼睛、耳朵和感觉去倾听，这到底是怎么一回事。尝试去理解，在面部表情、声音或肢体语言的背后隐藏着什么，是悲伤、愤怒，还是委屈。对于孩子本身而言，他们往往最初也不十分清楚自己的感受，在讲述的过程中才会明朗起来。因为只有在讲述的时候，他们的感受和想法才能得到梳理。而当孩子有时间静下心来，身边又有一位值得信赖的谈话对象（信任的成年人）时，他们自己就能发现导致不适的根源。聊天本身就能够帮助他们自己去找到这种"泛化"的不适，也就是头痛的缘由，并将之表达出来。我们的父母、老师常常以为，帮助孩子就必须给他们提供解决问题的方案。但我的经验是，帮助并非总是意味着提供一套具体的解决方案。倾听以及理解本身，也能够令对方感到如释重负。只要你抱着一颗同理心去倾听，倾诉者就会感到慰藉。最重要的是，一个人能够得到他人的理解和支持，无形中就会给他独自面对眼前困境的力量，也就不会感到摇摇欲坠了。

放下心理包袱对莉萨来说非常重要！如果我只是给了她治疗头痛的药，那她还要独自承担这副重担多长时间呢？

本书的缘起和架构

本书中记述的，是我在父母课堂"强大的父母，强大的子女"中所收获的经验以及在探讨父母关心的教育问题时所做工作的总结。因此，本书的章节构成也就等同于课程的架构。我们的主线便是在父母课堂中所探讨的五个议题，它们在本书中将以五个章节的形式呈现：

一、我有怎样的价值观和教育目标？

二、我如何增强孩子的自我价值感？

三、当孩子遇到问题时，我能怎样帮助他？

四、遇到问题时，我能做什么？或者说，我如何表达自己的需求？

五、我们如何解决家庭中的冲突？

伴随着这些议题出现的，是一些理念，一些引发思考的生活哲学观。我们还有一些具体的任务，即将所探讨的内容实际运用到自己的家庭中去。

许多家长一再要求，希望能把课堂上的学习资料和学习内容带回家。本书的出版，满足了他们的这一需求。除此之外，本书亦希望为那些未能参加父母课堂的家长提供深入思考和探讨的机会。

亲爱的读者，如果您对我们的父母课堂感兴趣，请询问当地的未成年人保护联盟，或儿童保护中心、家庭培训机构、德国业余大学（VHS）及其他机构是否有此课程。根据本书理念所设计的课程一般称为"强大的父母，强大的子女"，或"为孩子做好准备"。也许幼儿园、家庭活动中心或者中小学校里正在开设基于"强大的父母，强大的子女"版权课程的培训。

如果先阅读了本书，您仍然可以再参加这套课程。因为有时候亲身体验才最能让人受益与受用，最让人感到如释重负。在父母课堂上您将会感受到：其他家长也和您一样辛苦，有些甚至更加艰难，当然也有情况好些的。但不论怎样，大家同舟共济。与大家交流沟通之后，问题也就变得轻松了。更重要的是，您将体会到乐趣和喜悦。

这套父母课程的基本框架是由芬兰未成年人保护联盟课程主任托伊沃·隆卡（Toivo Rönkä）设计的。我们以此为基础，发展出了现在的课程大纲，并将之用于德国亚琛市未成年人保护联盟的众多父母课堂，以接受实践的检验。而后，这套课程在联邦、各州以及地方的未成年人保护联盟得到了进一步推广。推广后人们对其进行了跟踪与评估。自2000年起，这套名为"强大的父母，强大的子女"的课程注册了商标，并成为德国未成年人保护联盟的一个长期项目。过去几年里，它获得了德国未成年人保护联盟内部以及全联邦范围的认可。这主要感谢德国联邦政府家庭、老年、妇女和青年事务部的大力推广。该课程的导师手册目前已被翻译成土耳其语、俄语和意大利语。此外，我们还有青春期子女和0~3岁幼儿的父母课程，以及祖父母课程"强大的祖父母，强大的子女"。

家长也可以组织课程，并通过德国未成年人保护联盟地方或联邦州组织预约一位已获得未成年人保护联盟认证的培训导师（网址：www.dksb.de 或者 www.starkereltern-starkekinder.de）。

本书的目标

本书的目标与父母课堂是完全一致的。它的宗旨是：一方面，让我们的教育日常变得更加开放、清晰、幽默，增强父母作为养育者的自我价值感，使家庭成员之间的相互理解与沟通变得更加容易；另一方面，让所有家庭成员实际参与家庭事务的共同决策与规划，使儿童的权利和需求得到进一步保证和满足，这亦符合联合国《儿童权利公约》的宗旨。

因此，我们会将目光集中在父母和孩子实际拥有的能力和资源上，而不是去探讨错误的根由——追究到底是谁的过错。

我们所提倡的养育风格，既不是专制型的，也不是放任型的，而是引导型的。这意味着父母就是父母。因为在年龄和经验上领先，所以不管他们是否同意，对于孩子来说，他们都是权威和榜样。因此，父母应对其教育者的身份有明确的认识，并承担起成年人该负的责任。

本书提供了许多实际案例，包括一些令人愤怒的情境。您既可以设定清晰的边界，也可以进行协商约定，这样就不会完全失控；您还将读到一些有用的点子，它们会告诉您如何在问题发生之前，就去寻找适合自己的方案，并了解解决的途径，从而在与子女和伴侣的相处中表现得更加自信。

迄今为止，这套课程经历了多次评估，结论表明，这套父母培训课程完全有助于家长减轻负担，营造和谐的亲子关系。同时，课程使父母更加信任自己的能力，也更加信任孩子的能力，阻碍孩子发展的行为随之减少，这为亲子相处带来了更多的安全感和满足感。我希望，这本书也能够协助大家朝着这个方向迈进。

每位父母都是养育子女的专家。

当父母作为养育者的自我价值感增加了，父母不仅信任自己的能力，也信任孩子的能力。

这为亲子相处带来更多的安全感和满足感。

我有怎样的
价值观和教育目标?

关于价值观和教育目标的问题有时并不容易回答，但作为父母，我们不得不思考这个话题，因为这很重要。我们需要知道，对于我们而言，什么是重要的。这为我们的日常生活提供了方向和立足点。不论是给孩子设立边界、禁令，还是给予鼓励、要求，其依据都来自我们的价值观和教育观。40 年前，整齐有序、听话顺从、勤奋刻苦等品质备受推崇，但当今社会更加强调重视、尊重、独立、灵活等方面。这些是所有教育的开端，是我们行为的基础，也是家庭内部成员间往来的起点。自孩子出生起，我们就应该重视这个问题，成长过程中，父母还应该就自己、孩子和伴侣不断产生的新的价值观做持续而深入的探讨。

☞ 我为什么想要孩子?

在回答关于价值观与教育目标的问题之前,我们需要先思考一个更基础的问题:我为什么该要、想要或愿意要孩子?

○ 因为孩子是我生命的意义所在?

○ 因为孩子本身就是生活的一部分?

○ 因为我需要他们的陪伴,避免孤独?

○ 因为我想让他们成为我最好的朋友?

○ 因为我很渴望幸福、关怀和认可,所以想从孩子那里得到满足?

○ 因为想让孩子帮我完成我未能完成的事?

○ 因为我想为永恒的生命循环做出自己的贡献?

我们能想出很多理由。不过,如果我们作为父母,一心想让孩子如我们所期待的那样发展,或者希望他们的存在是为了满足我们的需要(比如对亲密、认可的需要),那就请慎重了。

孩子就是孩子,他们是独立的人,具有自我意志。他们不一定会朝我们期待的方向发展,也不是我们幸福的保障。尤其在孩子幼儿阶段和青春期,许多父母都感到大失所望。除了疲惫和挣扎,父母往往感受不到有孩子的快乐，甚至很多父母都有付出远远大于回报的感觉。

生活中让我们感到颇为难受的一种矛盾是，一方面，孩子能让我们的内心产生一种深刻又美好的亲近感，另一方面，孩子也能让我们跌入绝望的深渊。

所以如果你期望过高，以为孩子一定能带来幸福，那就得小心了！一旦有了孩子，尤其是在头几年里，你的生活往往伴随着辛劳、忧虑、疲惫、挣扎与争吵。因此，为这种为人父母的"幸福的艰辛"做好准备并意识到"生活本就如此"非常重要。然而，当孩子满足地向我们微笑，爬进我们的怀里，或抱着我们送出晚安吻时，我们将会享受到孩子带给我们无比幸福的宝贵时光。而30年后再回首，我们将感激自己曾拥有过这份幸福。

◐ 养育风格

我们常常听到人们说，以前的教育简单多了。最起码从表面上看，以前人们的价值观与教育目标更为一致。简单来说：父母说了算，孩子得听话。除此之外，得教育出"正派"的公民，守时、勤劳、整洁、"服从"领导。社会与家庭的结构都是专制的，孩子闯祸就会挨打。父母、老师和上司拥有一种受到社会认可的权力：男人支配女人，大人支配小孩。

20 世纪 60 年代的学生运动首次掀翻了旧的价值体系。突然间，所有传统的东西都变得过时。几乎一切都受到了质疑，从一个极端转向了另一个极端。国家回应需求，确立了新的价值观和目标：去他的服从！教会与政府的权威不再。人们无论如何都不能忍受，也不再忍受上级下达的任何指令，取而代之的是批判性地探究一切事务。反抗、抵制成了时代格言。解放、自由、妇女儿童和边缘群体的自我实现成为时代目标。反专制的教育方式占了上风。指针在两个极端之间摇摆。

不再有边界、信条或者禁令，这种不受约束的自由也给了孩子。

几十年后的今天，两个极端方向的思想残留都还存在。因为时过境迁，人们再也回不到从前了，于是各种混合的、模糊不清的观念，使人产生了极大的不安全感。专制型和放任型取向都不能给父母的日常养育提供必要的支撑。

本书和德国未成年人保护联盟父母课程"强大的父母，强大的子女"所倡导的养育态度是权威型的养育。面向父母开展工作时，我们将之称为引导型养育方式，也就是说，父母可以，也应该以家长的身份履行他们的养育职责。他们应该，也应被允许保留其成人角色。不管他们是否这么认为，鉴于他们的年龄和人生阅历，他们都是孩子眼中的权威和榜样。孩子越小，他们的这一地位就越明确、越有效。

许多父母都能接受上述基本观念。他们希望给予孩子支撑和方向，为孩子打下根基并插上翅膀。但在现实生活中，父母应该怎么做呢？父母应该朝着什么方向引导孩子？他们还能从哪里获得确定的、受到普遍认可的价值观，并为自己的教育目标找到定位？这些东西还存在吗？什么是父母可以信赖的？他们教育方式的正当性和理由又从何而来？

⊙ 儿童权利、法律和科学
——"新"的养育目标与价值传递

对德国许多人来说，教会的权威和戒律已失去了其在教育领域的参考价值。取而代之的，似乎是法律、儿童权利，还有科学——包括教育学、心理学、社会学等。它们为教育孩子奠定了严肃认真的新基础。

联合国《儿童权利公约》

1989年11月20日，联合国大会通过了《儿童权利公约》。《儿童权利公约》共有54条，阐述了全世界儿童及18岁以下的青少年拥有以及应有的权利。

《儿童权利公约》共列出三大类内容：

○ **身份权**：主要阐述儿童有权保留其姓名、国籍、宗教以及受到法律承认的家庭关系，有权尊重自己的文化。

○ **受到保护的权利**：保障儿童有不受到恶劣对待、虐待、性侵犯、剥削和歧视的权利，同时保障儿童的个人隐私权（联合国《儿童权利公约》第16条，见附件）。这一点在现实生活中最典型的表现为：父母无权翻看孩子的信件和日记。

○ **参与权**：回看儿童权利发展的历程，我们会发现，《儿童权利公约》是一个历史性的创举。孩子不再只是被保护的对象，《儿童权利公约》赋予了儿童权利主体的地位。孩子拥有自己的权利，其结果是，无论是父母、老师，还是法官，都不能仅仅因为自己是成年人，就对孩子任意处置。

例如公约第12—17条就赋予了儿童个人隐私权、自由表达意见的权利，以及在与其相关的事务中出席听证的权利；根据儿童的年龄和心智成熟度，在进行与其相关的决定时，也应听取他们的意见；儿童拥有言论自由；儿童有获取资讯、与他人自由结盟和参与和平集会的权利。只要不损害他人的权利或自由，所有上述权利皆被视为有效。

在现实生活中，这些都意味着什么？拥有上述权利，孩子是否就能在我们成年人谈话时不停地插嘴，是不是就没有边界了呢？一想到所有这些条款都要在日常生活中去实施，我们做父母的，简直寒毛直竖！

不过不用担心，儿童拥有权利并不等同于让儿童完全不受约束，不是说孩子可以任意妄为。公约只是明确了父母有责任去倾听孩子，并在做决定的时候顾及孩子的年龄，适当地把他们的意见考虑进去。也就是说，我们要对儿童权利加以深入探讨。要是能和孩子一起做这件事就更好了。

这里有个小小的案例，特别形象地展示了该如何将公约第 12 条"儿童参与权"实施到居住环境中。

在德国亚琛市未成年人保护联盟的倡导下，亚琛市公益住宅建设组织已于多年前在其新建社区实行了一种"对儿童友好的住户守则"。

在那里，居民须遵守如下规则：每位住户尽力体谅儿童行为，家长和孩子则须在玩耍时尽量顾及全体住户之共同利益。发生争执时，儿童的意见须被听取并加以参考。

德国《民法典》第 1631 条第 2 段

一旦签署联合国《儿童权利公约》，签约国就有义务调整本国相关法律，使其顺应公约条款。德国于 1992 年签署加入公约，随后对《民法典》第 1631 条进行了修改。

自 2000 年 11 月起，第 1631 条第 2 段规定如下：**儿童享有受到非暴力**

养育的权利。禁止任何体罚、心灵伤害和其他有伤儿童尊严的教育手段。

这对作为父母的我们而言意味着什么？首先，非暴力地养育孩子，应成为我们眼中理所当然之事。不打屁股，不扇耳光，不拽头发，不关禁闭。

现在大部分父母都明确地拒绝殴打或有损尊严的教育手段。然而我们还是会在某些"无路可走"的情况下无法自控。

其次，什么是心灵伤害呢？什么情况下会造成这种伤害？这一点在法律条文里没有明确的定义，此处举几个例子说明。

○ **体罚**：扇巴掌、打耳光、拽头发、踢人或者用物品打人等身体伤害行为。最后一项已经构成虐待行为，可追究其刑事责任。

○ **心灵伤害**：孩子经常受到呵斥、贬低和歧视，经常遭到挑剔指责、当众羞辱，或被朋友孤立，被威胁送进孤儿院，被指责为造成父母分居、离婚、死亡或生病的原因，这些都会对孩子造成心灵伤害。父母之间在孩子面前使用暴力，也会导致孩子受到严重的心灵伤害。

○ **损害尊严**：其目的往往是让孩子感到羞愧，打击其意愿。长期损害尊严会给孩子造成巨大的心灵创伤。

为什么我们不应该用体罚和其他有损尊严的手段来教育孩子呢？

有孩子的人以及从事儿童相关工作的人都知道，有些情况难免让人收不住手，或者至少手痒难耐，实在想打下去。尤其是在面对艰难的生活和处于巨大的心理压力之下时，比如经济拮据或者亲密关系出了问题，我们会明显感到力不从心——软弱、无助。这时我们很可能会身不由己地采取体罚或者其他有损孩子尊严的惩罚措施。

法律的意义并不在于对父母加以审判，更不是要把他们看成罪犯或使其感到更加煎熬。但父母也不应轻易地把那句人们常说的老话拿来当作挡箭牌："一巴掌而已，打不坏！"

僵化的惩罚式教育所造成的负面影响其实有迹可循：

○ 体罚会导致孩子缺乏自信且自我价值感偏低。

○ 在暴力的教育方式下长大的孩子，也倾向于使用暴力手段解决冲突。

○ 体罚可能会失控，演变成虐待行为，后果严重。

○ 有研究证明，人在同龄人面前表现出的攻击性反应甚至暴力犯罪，都与其在受教育过程中所遭受的暴力有所关联。

体罚和其他极端惩罚尤其无法向孩子展示，如何正确地处理某件事。此类惩罚最多只能短暂地制止我们不希望看到的行为，而无法阻止此类行为的再次出现。

一旦开始用巴掌教育孩子，就要面对一个问题：我们什么时候才能停手？孩子 3 岁、9 岁或者 13 岁的时候？还是直到孩子开始还手？

借助联合国《儿童权利公约》和《民法典》第 1631 条的修改，我们朝着"尊重孩子"的方向迈出了重要的一步。

当然，这些法律条文和规定要想发挥出彻底改变人们意识的积极作用，还需要一段时间。在德国，历经20年的准备时间，《民法典》第1631条第2段才真正开始生效。而想要让这些法律条文被所有父母内化并成为其教育的指导原则，预计还要再等20年。不过，我们已经走在了正确的道路上。研究结果显示，目前已经有90%的父母赞同非暴力养育。

瑞典和芬兰所取得的经验也清楚地证明，这些法律条文具有改变人们意识的作用。瑞典1979年通过了革除暴力教育的法律条款，芬兰则是在3年之后，即1982年。如果说在20世纪60年代，还有50%的瑞典父母赞同把体罚作为教育方法，那么在之后20年的时间里，人们的观念发生了急剧的转变。20世纪90年代末，只剩下10%的瑞典父母认同体罚，而在更年轻的一代中则只有6%。

德国和北欧的经验还显示，如果有大面积的资讯传播、讨论、态度鲜明地邀请孩子参与其自身的教育，并公开阐释非暴力养育的意义和目的，就能更容易地实现我们所期待的意识转变。

也因为受到《民法典》第1631条所取得的积极经验的鼓舞，德国未成年人保护联盟正在与联合国儿童基金会（UNICEF）以及德国儿童救助协会（Deutsche Kinderhilfswerk）组成行动同盟，共同致力于将儿童权利写入宪法。我们的目的是促成更多人拥有儿童权益保护意识，并在未来保障所有儿童受到更加友好和平等的对待。

☞ 多元价值观和教育目标，
或者说，试戴帽子的"游戏"？

我们是否问过自己这些问题：我们究竟有哪些价值观？有怎样的教育目标？我要朝着什么方向培养孩子？有一天他们将成为怎样的人？还是应该放任他们像原野上的花儿那样自由绽放？

伴侣的价值观和教育目标又是怎样的？孩子祖父母的呢？怎样才能在适当的时候把它们都统一起来？

我们其实不用操心，孩子绝对有能力适应父母双方不同的价值观。比如一方是整齐有序型的，而另一方却不那么井井有条或完全没有这方面的意识；一方看重成绩，而另一方根本无所谓；一方非常节俭，而另一方恰恰喜欢花钱；一方说，"孩子应该有礼貌"，而另一方说，"我不想像驯兽一样驯养孩子"。

这是允许不同观点共存的艺术——包容的艺术。母亲不必完全接受父亲的价值观，更不用成为实现父亲教育目标的帮手。父亲能更有说服力地表达自己的观点。重要的是，父母不要在孩子面前进行充满敌意的争论，不要试图把孩子争取为自己的"盟友"：爸爸对，还是妈妈对？谁的教育方法根本不靠谱？谁是那个"笨家长"？谁又是"主宰者"？爸爸好，还是妈妈好？这种竞争不但有损父母双方的权威，也会成为孩子的负担。因为孩子很容易陷入要在父母中间选择一方的关于忠诚的冲突里，变得没有安全感，不知道该听谁的。

比如，这样跟孩子说会更有意义："你知道的，去奶奶家要穿得漂漂亮亮，爸爸非常看重这点。我对这个倒是无所谓，但你知道爸爸的脾气，我们没有必要为了这个吵得面红耳赤，把家里的气氛变得跟冰窖一样。再说你穿得漂亮，奶奶也会很高兴。"

不过，跟孩子就价值观的问题一起交流甚至探讨，还是很有必要的。比如，我们可以跟孩子一起讨论，房间收拾到什么程度才算整齐。在这种讨论过程中，所有人都在学着协商、让步，孩子也不会因为父母的价值观不同而坠入痛苦的深渊。事实上，孩子能接触到多元的价值观是一件好事。总有一天他会形成自己的判断——孩子才不傻呢！

总而言之，对孩子而言，家庭里完全允许存在多种价值观。就像孩子可以试戴不同的帽子：大的、小的、花的、素的。只要没有人骗他说只能戴某顶帽子，那么孩子就会把每顶帽子都试一遍。不在孩子耳边强化某种单一的价值观，是一种艺术。孩子会欣赏这些帽子中的某几顶，也会及时丢掉那些过时的，为自己置办新帽子。

— 案例 —

同一屋檐下的不同价值观

在我们家，孩子爸爸爱整洁、有条理，而我正好相反，比较杂乱无章。

我们的女儿萨丽很小的时候已经表现出完全像我的特征，这让她爸爸苦不堪言。按照传统教养模式，他把教导女儿保持干净、整洁的任务交给了我。那时我还是一位年轻好学的妈妈。我迅速尝试了几种方法来纠正女儿。但对此我自身的行为没有说服力，那些尝试也就都不成功。结果很不愉快，我还得忍受孩子爸爸的指责："你教导无方，女儿根本不听你的话。" 我哭了好几次，也跟他争吵过。直到我意识到自己必须放弃这项强加给我的教育任务。在整洁这件事情上，我压根儿就没法成功，这个任务根本不适合我。于是我把它又还给了孩子爸爸。然后开诚布公地对他说，他应该亲自试试。生活中保持整洁对他来说才是重要的，在这件事上，他应该能够更好地言传身教。

孩子爸爸竟然也没做到！儿童房依然乱七八糟。萨丽认为，她能在无序的状态中保持有序，比如，她很确信，榛果酱的空瓶子和吃完的酸奶杯就是该放在床底下。

她爸爸有点儿绝望了，想着：必须得采取一些有效的措施。我的立场则是：在她自己的房间里，萨丽可以想怎样就怎样，但不可以把她乱糟糟的习惯带到厨房、客厅和我们的房间。我试着安慰孩子爸爸，跟他说，现在就确定我们的女儿将来会怎样、"继承"了谁的基因还为时尚早。我冲他挤了挤眼说："可能有一天她会像你，特别爱整齐。也有可能会跟我一样，那你确实挺倒霉的，家里有两个乱七八糟的人！但是谁知道呢？我们还是有希望的！"

就这样，伴随着儿童房里的混乱和偶尔激烈的争吵，萨丽度过了幼儿园和小学阶段。就在萨丽刚过 12 岁生日的某一天，她突然好像换了个人。我回到家，看到她的房间收拾得整整齐齐，原来堆在地上的物什都归整到了柜子里，地板用吸尘器吸得干干净净。她宣布，从现在开始，她要一直保持房间干净、整齐，她也确实做到了。

谁也不知道是什么引起了她的骤然改变。是她父亲的"遗传基因"突然显化了？或者爸爸历久不变的，盼着女儿改变的"热切渴望"终于发挥作用了？还是她突然在我们的老房子里发现了什么"彩蛋"？谁知道呢！

⊙ 我有哪些价值观和教育目标？

如何回答这个问题，本质上取决于我们自己是怎样被养育成人的。特别是，我们的父母曾经拥有哪些价值观和培养目标，他们又是如何把这些传递给我们的？随着时间的推移，价值观和教育目标会发生巨大的转变。一个人的一生里，也都会经历这种转变。比如 20 世纪 70 年代以后，人们对女性角色以及童年的理解与之前截然不同。

　　有关价值观和教育目标的问题无法回避，往往会伴随我们一生。从两方面来看，它们对我们来说具有重要意义。一方面，父母的价值观对我们的发展轨迹影响深远，且塑造了我们的生活态度。这种影响和塑造有时是积极的，有时是消极的。它们可能会为我们插上翅膀，带来幸福，也可能会拖慢我们的脚步，对我们构成妨碍。另一方面，作为父母，我们往往也会思考这样的问题——在孩子的成长道路上应该给他怎样的资源？这样好吗？这样就够了吗？这么做是对还是错？我给的太少了还是太多了？

— 案例 —

公公婆婆到访

　　公公婆婆要来拜访我们。家里要是有个很小的孩子，便会由于各种原因而出现这样的情形：房子没收拾好、餐桌没布置好、咖啡也没煮好。九个月的萨丽很不高兴，又哭又闹。作为新手妈妈，我实在感到压力巨大。好几件事情必须迅速同时做好，我就要被搞得慌乱不堪了。不过就在那时，我想起我们父母课堂上的一句格言："即便你很赶时间，也可以绕路而行。" 于是我让自己停了下来，在一分钟的时间里，我快速想了一下：此时此刻，对我来说什么比较重要？我必须要做的是什么？现在最好先做什么？答案是，照顾孩子对我来说很重要，于是我决定首先照顾萨丽。我把她抱起来放到换尿布台上，给她更换了尿布。我们一起唱了首歌，还玩起了手指游戏。

这时候，公公婆婆按响了门铃。咖啡还没煮好，我向他们道了歉，请求他们照顾萨丽，我知道他们很乐意做这件事。我就在这个空隙煮了咖啡，他们帮忙铺好了餐桌。房子里虽然乱七八糟，但整个下午大家过得很开心。

同一种情况，第二种可能

要是我那时正在烤蛋糕，那么我就得盯着蛋糕，可能还得花时间去装饰点缀一番。那个当下对我来说蛋糕就更重要一些。那意味着，我必须把女儿放在一边不理。我脑中可能会不断盘旋着一些话，会跟她解释："你现在闹也没用，妈妈必须要花几分钟把蛋糕做好，要不然就搞砸了，这可不行。妈妈弄好了马上就来抱你。"一边听着孩子的哭闹声一边做事情的确会让我更烦，但那一刻也没有别的办法。那种情况下，在蛋糕上撒点糖粉肯定也就算装饰了。对于孩子，我只能对她说："我知道你现在很生气，但是小祖宗，我现在必须先把蛋糕弄好，然后马上轮到你。"

同一种情况，第三种可能

所有事情都重要，我得做到100分！

我可能会把又哭又闹的孩子抱起来，试着用右手煮咖啡，左手跟孩子玩，向右瞥一眼蛋糕，向左再对孩子笑一笑，或者冲她大吼："麻烦你先体谅体谅我，你没看到我都忙成什么样了吗？！"不过孩子肯定看不到这点。或者更糟糕的是，我可能就出手打她了。

还有其他情况可能会发生，比如，我烫伤手指，把咖啡弄洒，忍不住要哭。无论如何我都得忙出一身汗，等公婆到了，我也就累得喘不上气了。

提示

* 尤其是在有冲突的情况下，控制事态发展是成年人的责任，而不是孩子的——父母应主动采取行动改变事情发展的方向。
* 面对棘手的情况，短暂思考以下问题往往大有助益：对我来说什么比较重要？我现在必须做的是什么？

☙ 如何将我们的价值观传递给孩子？

座右铭 ┊ 榜样胜过千言万语

养育过程中影响力的几个层面：

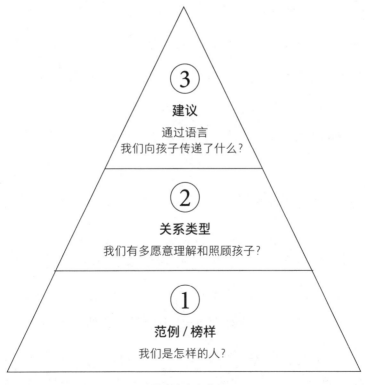

3
建议
通过语言
我们向孩子传递了什么？

2
关系类型
我们有多愿意理解和照顾孩子？

1
范例 / 榜样
我们是怎样的人？

· 影 响 力 金 字 塔 ·

通过身教和榜样作用传递价值观

正如影响力金字塔所展示的，对孩子最具影响力的是我们所树立的榜样：我们是怎样的人？我们是如何做到的？我们具体做了什么？想了什么？感受到什么？这既适用于积极影响，也适用于消极影响。

金字塔第二层则是对孩子的价值观和基本态度起到加持作用。如果我们和孩子的关系具有理解、关注、关怀这些特点，而这种关系又和榜样层面的价值观与态度协调一致，那么孩子就会获得有力的支撑和明确的方向。

如果我们口中所说的与前面两层的信息不相符，只是在"单纯地说教"，那么孩子对我们的话就会左耳进，右耳出。如果我们和孩子之间有良好的联结，真诚、坦白，那么有很大可能在多年之后，当孩子35岁时，在他们身上看到我们自己的许多价值观得以重现。

不过青春期往往看起来完全是另外一回事。有什么好办法吗？想想自己的青春期？去教堂祈祷让这个阶段快点过去？还是唯有寄希望于20年后？

父母经常在课堂上反馈，其实他们不希望像自己的父母那样教育孩子，但有时还是会掉入上一代的模式。他们不仅有和自己的父母一样的价值观，而且常常用和自己父母相同的声调把这些传递给孩子。

分享一段父母课堂上的原话：

"我站在儿子面前，热切地高声灌输在学校里数学成绩好有多重要。

我突然感觉到，好像自己正站在一旁听着我的母亲对我说同样的话。我不禁咧了咧嘴。从儿子的脸上我看到我的话如同对牛弹琴，就跟当年母亲的话对我的作用一样。"

这是不是一个奇迹？通过我们父母18年的"成功"教育，那些箴言警句深深地刻在了我们的骨血里。

不要让青春期的激烈争论（比如关于服饰、朋友、成绩、上网、暴力、酒精，甚至毒品），导致亲子关系破裂。重要的是，跟孩子保持联结，并随着孩子年龄的增长，不断对自己的价值观以及传递价值观的方式加以审视。

— 案例 —
奶奶的生日

一个父亲讲述了这样一件事。

下周末是奶奶的大寿，所有亲戚都会共聚一堂为奶奶祝寿。只有17岁的西蒙不愿意参加。"我不跟你们去，我早就跟朋友约好做其他事情了。你们这么晚才告诉我，是你们的问题，我完全不明白为什么我一定要参加。"

我们说什么都没有用。告诉他我们很看重家族里的关系，堂表兄弟姐妹们的聚会和祖父母的生日宴都是家族里美好且重要的传统，但都劝服不了他。这让我火冒三丈。

作为父亲我还能怎样？孩子身高 1 米 8，体重 80 公斤，难道我要把他夹在手臂下，推进车门直接绑架进小轿车吗？这太荒唐了，想都不用想，这么做肯定会引发激烈的拳脚抗争！人要是急了，什么事都干得出来。

所以我让他跟我一起面对这项责任。我问他："我们现在该怎么办？就这样无视奶奶的大寿肯定不行，我认为也不应该！但把你绑去参加聚会也不行！"

西蒙盯着我看了一会儿，然后说："我会给奶奶打电话，问她能不能一周后再去看她。"

他打了电话。结果是，奶奶反倒因为他这个建议而兴奋。她说，她更喜欢这样的安排。这样他们会有更多时间安静地聊天，而且过完生日后，她还能期待孙子的拜访。

作业

○ 请回答下列问题，最好把答案写出来。也可以向你的伴侣提出这些问题。请和你的父母、兄弟姐妹、朋友，当然还有孩子聊一聊价值观。深入探讨这些问题有时会让人痛苦，但是值得！

价值观与教育目标

○ 对我来说什么比较重要？

○ 我有哪些价值观？

○ 我有哪些教育目标？

○ 我是如何被养育长大的？我的父母看重哪些价值观和教育目标？

○ 哪些是我想传承下去，用来教导我的孩子的？哪些是我不想传承的？

○ 我的伴侣有哪些价值观和教育目标？

○ 在哪些方面我们完全一致？而在哪些方面又不一致？在哪些方面我们能协商取得共识？

○ 如何将我们的价值观传递给孩子？

建议：如果你有伴侣，可以一起想想，你们在亲密关系层面有哪些共同的价值观和教育目标？

父母就是父母。

因为年龄和经验上领先，对于孩子来说，我们都是权威和榜样。

因此，父母应该承担起成年人该负的责任，通过身教和榜样作用传递价值观。

我如何增强孩子的
自我价值感？

座右铭　　关注孩子积极的一面

☞ 这句话为什么如此重要?

当今社会对父母和孩子的要求都很高,日常生活的节奏也很快。

我们每天都脚步匆忙,生活有时只剩下忙碌,要做的事情一件接着一件。家庭成员的价值似乎要用日常生活运转的顺利程度来衡量。穿梭于幼儿园、学校、职场,辗转于购物、煮饭、吃饭、清洁、整理、上网、走亲访友,再从事点业余爱好和各种五花八门的事务:参加各种节庆、组织度假、过传统节日,没完没了。每天的生活就像被压缩进了一件束身衣,有时紧绷得不留一点余地,有时稍稍松那么一点。

随着生活节奏的加快,我们说话的语速也在提升。我们要频繁地说:

"快来……赶紧……我很急！""……快点！""……我们赶时间！""……
要不然就晚了！"

如果动作不够快，就会听到："你从来都不能……吗？""你又没
做好！""要跟你说多少遍！""你实在太蠢了！""你真不像话！""你
什么事都做不了！"

超负荷的运转使人感到烦躁和失衡，尤其是对父母而言。父母的注
意力会开始集中在：

谁做了什么？

谁多做了，谁少做了？

谁照顾了谁多少，谁又管了什么事，管得多辛苦？

很快每个人都觉得自己吃亏了，或者感觉所有事都落在自己的肩上。
结果是，人们很容易对他人的付出视而不见。如此一来，谁还能看到对
方积极的一面呢？

所以此处我建议大家去寻找一些给你自由空间的小岛，一些能让生
活慢下来的机会，以便获得一些不同的、更加友善的视角，这样你才能
更多地关注到孩子以及伴侣积极的一面。

"关注孩子积极的一面"，这句话可以任意扩展到其他人身上。比如
你可以尝试去发现岳父岳母或公公婆婆的优点，看到你那位令人讨厌的
同事、极其难缠的邻居身上友好的一面。必要时拿起放大镜，耐心地
寻找。只要拥有一双擅于发现美的眼睛，你必有所获。

— 案例 —

要有积极的眼光（也许是一双美丽的眼睛）

在一次针对青春期孩子家长的培训中，分享完第一单元，我把"关注孩子积极的一面"当成作业留给了家长。最后特别强调："……下次上课时请一定带来孩子的一个优点。我们有时在青春期孩子的身上，连一个优点都找不到，似乎所有的优点早就飞到九霄云外了。我们或许会感到绝望，质问自己到底做错了什么，竟生了一个这样的孩子？！如果你们这样觉得，那也没有关系，不要放弃。继续找！不放过任何一个细小的闪光点、任何一点细微的美好……也许，也许是一双美丽的眼睛。"家长被逗乐了。就这样，他们轻松地回家了。

因为节假日，下一次课程推迟到了两周后。一个妈妈就"寻找积极的一面"讲述了她的经历。

我下定决心去完成我的作业，在 14 岁女儿身上寻找积极的一面。我们的关系早就破裂了，已成冰封状态。我们总是因为学校的事情吵架，她只知道干傻事，已经受到学校一次警告了。学校通知说如果继续这样，她就会被开除。我们还会因为她那些朋友吵架。他们对她的影响很坏。在家时她什么家务都不干，我们一见面就对彼此大吼大叫。真的很可怕！

但我还是很努力地去找，想在她身上至少找到一个优点，可惜还是没找到。三天后我想放弃了，真的很糟糕。我很惶恐，充满负罪感。我感到悲观绝望，在她身上我什么都做错了。

不过，之后我脑中突然飞出了那句话："也许是一双美丽的眼睛。"没错，就是这一点！她确实有一双非常漂亮的棕色大眼睛！

于是我抓住这点，一有空就观察她那双美丽的眼睛。女儿当然也觉察到了，对我嚷嚷道："看什么？有什么好看的？！"

"你的眼睛实在太漂亮了！"我说完就躲进了厨房。

第二周刚开始，女儿就告诉我，班主任邀请我去谈谈。她用最恶毒的话咒骂这位老师。我当时的第一反应是真的什么努力都不想做了，不想去学校，希望最好再也不要跟这个女儿有任何关系。我仿佛看到了跟老师谈话时的画面：她对着老师大吼大叫，当着我的面谩骂老师，让我无地自容，恨不得找个洞钻进去。

不管怎样，我还是跟她去了学校，心想这可能是最后一次！

我双腿颤抖着走进了谈话室。老师给我简单介绍了几名同学之间的争吵经过，说他们最后互相威胁要打一架。老师怀疑我女儿参与其中，而且还是事件的主谋。让我十分诧异的是，我的女儿态度平静、逻辑清晰地阐述了她的立场。她的理由清晰且有说服力，以至于那位老师都认同了。我女儿应该还试图劝阻过她的一个同伴不要参与斗殴。老师从其他几名没有参与事件的同学那里其实已经听到了差不多的答案，这就证实了我女儿所说的话的真实性。

我的雅娜没有对老师出言不逊。我从未见过她的这一面！我惊讶得说不出话来，更谈不上担心被学校开除的事了。

从学校出来后，我告诉她，我非常欣赏她在刚才那场谈话中的优秀表现。我自己14岁时，根本不能像她现在这样，表现得如此成熟、勇敢。她能和老师如此平等地交流，实在是让我佩服！

"妈妈，"就在这时，女儿说，"我们要不要一起去吃个汉堡包？"

"好，为了纪念今天这个日子，咱们去。"吃完后，女儿小心地问道："妈妈，我们要不要到市里逛逛？"我有些迟疑。

以前每次跟她逛街结果都一塌糊涂，还会惹来争吵，所以我很久没跟她一起逛过街了。

但她用那双漂亮的棕色眼睛看着我，十分可爱，又带着点不确信的恳求，让我就算还有顾虑，也无法拒绝。

这是半年多以来的第一次，我们终于又一起去逛街了。

晚上睡觉前，女儿跑到我的房间说："妈妈，今天过得真开心。我们要不要尽快再约一次？"

❂ 增强孩子的自我价值感

一个人的自我价值感主要是在家庭内部形成的。一个人对其自身价值的认知，本质上取决于他父母或者最亲近的家人赋予他的价值感受。在家庭中起主导作用的联结以及关系模式为孩子自我价值感的发展奠定了基础。

接下来我们就将讨论，家庭中哪些关系模式更能促进自我价值感的形成，哪些关系模式会对孩子自我价值感的发展起到阻碍作用。

❂ 父母的需求，孩子的需求

孩子的需求得到满足，是他们与父母之间建立起稳固的联结，并形成稳定的自我价值感的一个基本前提。

当我们在父母课堂上询问家长，孩子有哪些需求，父母又有哪些需求时，我们会看到，双方的需求几乎是一致的！虽然可能某一方的需求多一些，而另一方少一些，但需求的内容却极具相似性。

我们着重指出的需求包括：

○　睡眠、饮食、活动

○　安全感、被接纳、信任

○　安全保障、保护、归属感、关爱、体贴

○　快乐、自由空间

○　朋友、被认可

○　成就感、做有意义的事

　　在对需求的研究中，着重强调的是需求的意义以及满足需求的重要性。作为父母，我们绝不能忽视自己的需求，因为只有这样才能真正做到顾及孩子的需求。在照顾和抚养孩子的过程中，我们既要保持警觉，也应探寻作为父母及伴侣时自身的需求。我们是成年人，应该对管理自己的体力和精力负责，而不是让孩子去为我们做这些。我们的任务是营造一处静谧的港湾，使自己得到休憩和放松，以便在养育孩子的过程中保持精力充沛并从中体会到乐趣。

　　当家有幼儿时，当有多个孩子时，当独自一人抚养孩子时，当经济拮据时，或者当亲子或亲密关系出现问题而缺乏支持时，处理家庭事务就成了一项非常艰巨的任务。为自己补充新的能量也变得尤为重要。在这种情况下，父亲或母亲不应耻于寻求帮助和支持。可以向邻居、亲戚、亲子小组、单亲家庭团体、咨询机构、青少年中心以及父母热线求助，以免让自己陷入精疲力竭的境地。

特别是孩子出生后的前三年，对孩子今后的成长极为重要，在这期间，父母会极其辛苦。

这一阶段之所以如此重要，是因为它奠定了一个人的能力以及与人联结的基础。而其中起决定作用的是父母能在多大程度上理解、感知并耐心回应孩子的需求。父亲、母亲和孩子共同形成这样的生活节奏：喂饭、睡觉、关怀、抚触、活动、休息、交流，交替重复这些过程，继而说话、唱歌、玩耍，将有助于增强孩子"我——强"的意识（自我意识）。

◐ 外在环境会使父母和孩子陷入窘境

— 案例 —

巧克力蛋的力量

那是 11 月的一个寒冷昏暗的傍晚，6 点钟左右。快两岁的萨丽和我坐巴士回家。因为还要到街角的面包房买面包，所以我们中途下了车。

面包房里挤满了人，人群摩肩接踵，紧挨着长长的柜台。这里正如在其他商店里无数次见到的那样：巧克力蛋和其他诱人的甜食就放在小孩子触手可及的地方。这令幼儿家长们十分恼火。

为了让萨丽不被这群拥挤、烦躁的大人踩到，我把她抱在怀里。这时候她发现了眼前的巧克力蛋，伸手就去拿。"不行，我们今天不买这个！"我说。和所有其他孩子一样，遇到这种情形，她就开始哭哭啼啼，发出哼哼唧唧的声音。我向左迈了一步以便让孩子跟这些诱惑保持一定的距离。萨丽的啼哭声越来越大，已经打扰到别人了。排到我时，我马上开口对售货员说："麻烦您把巧克力蛋从柜台上拿走放到其他地方。它们就跟诱饵一样，放在孩子们鼻子底下肯定引得他们又哭又闹。"这时，面包房的老板娘加入了我们的谈话，她气呼呼地回应我："不是所有的孩子都跟您的孩子一样！"一股怒火涌上来，我反驳了她，让她不要装出一副什么都不知道的样子。作为精明的商人，她非常清楚，为什么巧克力蛋刚好放在孩子眼皮底下，因为父母都想避免孩子哭闹，这样她就好做生意了。萨丽就像听懂了一样，放声大哭起来，哭声盖过了面包房里所有人的声音，以至于我旁边那个男人不得不重复了三次，他要买的是"高原面包"。

我终于买到了面包，抱着大嚷大叫的孩子，挤出了一身汗。我一方面觉得在整个面包房的人面前丢了脸，另一方面又为自己感到无比骄傲，最起码我是当着所有人的面把自己的想法清楚地讲出来之后才离开面包房的。

萨丽一直在反抗。在面包房外，我把她放下，蹲下来跟她说："孩子，你是该抗议。这些面包房阿姨把你们得不到的巧克力蛋像诱饵一样放在那里，换了我，也会跟你一样恼火。"

萨丽的哭声戛然而止。她让我牵上她的手，我们一起回家了。

☞ 关爱、接纳、信任——自我价值感的基础

接下来我们将仔细探讨孩子成长过程中的三个重要需求：关爱、接纳以及信任。

关爱

对孩子的发展而言，最基本的是让他感受到爱和安全感。爱意味着为对方着想，给予对方温暖、体贴，并表示理解。可惜父母的爱并非在任何情况下都是无条件的。孩子出生前后的生活环境，会对父母能否做

到接纳孩子并充满爱地照料产生极大的影响。如果亲子之间产生不了爱，或者长期缺失爱与关怀，就需要向外部专业人士咨询了。

有时父母认为，孩子当然知道父母爱他们。那么请你问一下孩子："从哪些事情上你能感觉到我爱你？"对于孩子而言，爱的表示是什么？对于你又是什么？在伴侣关系中，又是什么？

孩子应该在明确感受到被爱的状态下成长，他应该能够确信，他是父母生命中重要的人。只有亲身体验到父母的爱，孩子才有能力爱自己，并把爱给予他人。

接纳

孩子需要这样一种基本的安全感，即能够如其所是地被接纳。通过感受到家庭的接纳和认可，孩子能感受到自己是群体里面重要且有价值的一员，知道自己被人需要，父母对他的存在感到高兴。如此一来，孩子就更容易接纳自我。这会令他更加没有畏惧、不带偏见地面对他人。

接纳可以表现为多种形式。比如，孩子可以影响或决定跟自己有关的事，他们的意见能够被倾听并拥有自由空间。

当父母用充满理解的眼神注视着孩子，或者给他一个表示理解的手势（比如竖起大拇指），抑或做一些面部表情（比如扬起嘴角）时，这些都会传递出接纳的信号。

信任

孩子所需要的信任包括信任父母、得到父母的信任和信任自己（自我效能感）。

孩子需要一种原始信任——他们需要相信，父母正在为他们着想，会试着理解他们的需要；他们还需要相信，父母会照顾他们、喜爱他们、愿意拥抱他们；最后，他们需要相信，在他们有需要时，会得到帮助。也就是说，孩子需要在他们的世界发现之旅中得到父母的关注与协助。

有了以上基础，孩子才能形成对自己的信任，体验到自己的效能并发展出自我安全感：我行、我能做到。

自我效能感形成于童年早期。这种感觉能强化孩子的自我价值感和在生活中积极进取的基本态度。而除童年之外，孩子一生都有机会改变和增强他们的自我效能感。对父母而言，这意味着我们可以通过给予孩子充分的信任来增强孩子的自我效能体验：相信孩子的各种能力，包括学习和取得成绩的能力，以及独立解决其自身问题的能力。

为了使孩子能够敢于做一些事情，对其自身能力感到自信并切实完成任务，父母应该尽早给孩子机会运用自己的能力。比如两岁的孩子，就可以承担某些小任务，可以从摆好碗筷、收拾桌子开始；上小学后，孩子就能协助购物和做饭。

☉ 意见反馈及其规则

在日常生活中，特别是当孩子顽劣胡闹时，关爱孩子、接纳孩子以及信任孩子并不总是一件容易的事情。如何应对这种情况？下面几条意见反馈的规则或许能给我们一些启发。

首先要解释一下什么是意见反馈。

意见反馈也就是回应。这里是指父母对孩子的行为，包括其良好行为和胡闹举动做出反应的方式。

○　意见反馈可以起到鼓励、支持和建设性的作用，并给出正确的示范。

○　意见反馈会说明原因并指出什么是不合理的。

○　我们可以用意见反馈来设定边界。

○　意见反馈能增进孩子的自我体验和自我认知。

意见反馈的七条重要规则

（一）描述所发生的事情，避免谩骂、道德说教和吼叫。

（二）对孩子当下的行为，而不是对他这个人进行反馈。

（三）只说在当下具体情境中所见到的，即发生了什么，不要臆想或者泛化。

（四）尽量使用如"更加、宁可、多些、少些、不是太、皆是、皆可"这类词语来描述行为，而不要使用"要么……要么就……"。

（五）向孩子阐明事实和想法，不要给出现成的答案或者发号施令。

（六）意见反馈的对象是孩子而不是我们自己。

（七）给出意见反馈的最佳时间点是事件刚发生后不久，但是晚些时候给出反馈也好过完全不给。

七条意见反馈规则的范例

接下来，我们就日常生活中的几个典型情境，先给出成人可能阻碍孩子发展的反应。然后示范如何给出其他更能够促进孩子发展的替代反应。

（一）描述发生的事情，避免谩骂、道德说教和吼叫

情境：年幼兄妹发生争执，5岁男孩动手打了他的妹妹。

反应："你太不像话了，怎么这么坏，总是喜欢吵架。你可怜的妹妹！"

替代反应："打人是不对的，即使你很不高兴也不能这么做，别人会痛。跟她说你想要什么，不能动手，用嘴巴去说。"

情境：儿子期末考试数学成绩5分。（译者注：德国分数体系是1~6分，1分最高。）

反应："又是5分！我早就说了，你什么都做不好。你太笨了，这都学不会。真是又蠢又懒，连学也上不好！"

替代反应："数学5分。你感觉怎么样？你自己好像也不太高兴对吗？我敢肯定你至少还是能得4分的。我想帮你，但我需要知道怎么做！我们可以做点什么来帮你提高数学成绩吗？"

（二）对孩子当下的行为，而不是对他这个人进行反馈

这条意见反馈规则中最重要的是，把事情和人区分开来。

情境： 13 岁的女孩带着愤怒从学校跑回家并用脚踢门。

反应： "你这个蠢货！怎么这么没脑子！"

替代反应： "踢门这种行为是不好的！你正在做一件没头没脑的事！"

情境： 15 岁的儿子在一次约定中迟到。

反应： "你从来都做不到准时，总是来晚！你这人太不靠谱了，跟你爸一样！"

替代反应： "我们约好了 18:00 见面，现在已经 18:15 了。"

关于迟到这件事，不需要说太多，可以先回应到这里，比起马上受到一顿劈头盖脸的责骂，这样回应对方会更可能想为他的行为道歉，解释为什么迟到。如果这个"罪人"马上被责骂的口水淹没了，那么他很有可能不会再回答任何问题。接下来几个小时大家的心情肯定都很糟糕，也妨碍你把实际情况弄清楚。

我们还能想到的积极的反应是（只要是真诚的）： "谢天谢地你来了。我刚才很为你担心，怕是发生了什么事！"

如果担心有人在约会中迟到，这里有一个建议：只要情况允许，尽量将约定地点定在咖啡馆等地，或者至少是在温暖的室内，能坐下来喝水、吃东西或者阅读的地方，尽量避免约在大街上的某个角落见面。

（三）只说在当下具体情境中所见到的，即发生了什么，不要臆想或者泛化（也就是说：把注意力集中于"发生了什么"，而不是"为什么发生"）

"你这么做肯定是出于忌妒。"

"你这样纯粹是为了惹我生气。"

这类评语带有贬低的意思，而且因为没有尊重孩子的看法，它们通常也是不公正的。这样只会激起孩子的对抗意识，孩子的反应会是挑衅或者无助。如此一来，冲突的局面被加剧了，因为面对父母固化的成见，孩子没有任何反抗的胜算。

在很多情况下，我们也应谨慎提出关于"为什么"的问题。

"你为什么这么做？"

"你为什么又迟到了？"

这种"为什么"听起来往往是带着责备的，也体现不出我们的确有兴趣了解孩子不当行为背后的真正原因。只要孩子听到或者预感会听到责备的声音，他就会倾向于关上心灵之窗或转而反击。之后我们就几乎不可能再用平静的对话来把事实澄清。因为一旦开始指责，它就会像打乒乓球那样，你指责我，我指责你，你来我往。

有时，一些口头禅就在顷刻间脱口而出。

"你这孩子怎么这么慢？"如果父母只是这么说一次，还不会让孩子变成慢吞吞的人。但是如果孩子在各种不同的情况下，通过不同的人（亲戚，幼儿园或者学校的老师），不断地听到这句话，并被贴上"慢"的标签，那么孩子有可能也会认为自己很慢。

或者，"宝贝，你怎么又这么安静了""你太害羞了""你不需要这个""她从来不说话，是一个特别安静、听话的小姑娘，这点随她奶奶"。

这种重复和多数情况下毫无意识的固化描述，可能会给孩子正在形成过程中的自我形象打上烙印。即使孩子不是最快或者最勇敢的那个，我们也要通过鼓励和意见反馈给他，也要给我们自己区别化、多方面觉察的机会。假如孩子这次有点慢，那么根据事实来讲述具体情况就会有所帮助，例如："今天早上你不是最快的那个，但昨天晚上你就麻利得很！"而更重要的是，我们要想一想，在"慢"中，还隐藏着哪些宝贵的优点。

如果你已经意识到自己正在用片面的眼光观察孩子，那么就请你拿起放大镜，去找一找有没有什么例外的情况，并把你的新发现告诉孩子！对"慢"的孩子可以说："你今天只用 5 分钟就做完了，真快！"对比较急躁、不能集中精力的孩子可以说："今天你安静地写了 10 分钟，你能做到，聪明的孩子！"

还记得那句神奇的格言吧：**言语造就事实！**

（四）尽量使用如"更加、宁可、多些、少些、不是太、皆是、皆可"这类词语来描述行为，而不要使用"要么……要么就……"

情境：4 岁和 5 岁的儿子们把客厅搞得天翻地覆。

反应："要么你们现在离开客厅，要么我就把你们扔出门外！"

替代反应："我更希望你们在自己的房间里玩儿，而不是在客厅。现在我要马上把这里打扫干净。"

情境：离上床睡觉还有一小时，孩子们还想一起玩儿。因为一个一定要打游戏，另一个要看电视，但谁也不想自己做自己的，于是斗起嘴来。

反应："要么你们现在达成一致，要么就都上床睡觉。"

替代反应 1："你们可以既看电视又打游戏。或者，先看半小时电视，然后打半小时游戏！你们觉得怎么样？"

替代反应 2："一个要打游戏，一个想看电视。这该怎么办？让我们好好想想！"

孩子们也许可以自己找到办法。如果找不到，父母可以提两条建议（以上述替代反应方案为例），或者提出完全不同的想法：

"要不我们玩点其他的怎么样？比如桌游？"

总而言之，对于"要么……要么就……"这种反应方式，我们应谨慎使用。

— 案例 —

收拾房间

父母课堂上有一位妈妈，她有个 5 岁的儿子和一个 18 个月大的女儿。一个星期六的下午，她再次对儿子说："你该收拾房间了！"在这之前，她已向他发出多次警告，但无论她怎么说都不管用。最后，这位妈妈终于亮出那张自认为的"王牌"，说道："要么你现在收拾房间，要么我们就整个周末都不出去！"

说到就得做到！她在教育指导杂志上读到过：父母的言行应保持前后一致。她也是这样坚持的。您能想象得到，这位妈妈星期一上课时的心情——儿子根本没收拾房间，整个阳光灿烂的周末他们只能待在家里。

那换一种反应会有怎样的效果呢？我们用"两者皆要"的表达："你的房间乱七八糟。出去前我们应该收拾一下。要不要先一起把房间收拾干净，然后再去游乐场？来，看谁第一！"

或者先不管这些，把收拾房间这事放到一边："好吧，我们别浪费这么好的阳光了。" 或者说："今天是星期六，我们先出去，回来后就收拾房间，同意吗？"

（五）向孩子阐明事实和想法，不要给出现成的答案或者发号施令

这一点主要在于只要情况允许，就尽可能地让孩子参与进来，并给他们机会一起做决定。这样他们就能学习自主思考，学着出主意、想办法，更重要的是，他们可以由此学着去承担责任。

情境：13 岁的尼克出于忌妒，在学校操场上攻击了一名同学，把他推倒在地。之后他还踢了这名已经倒地不起的同学。下午回家后，他把这件事告诉了爸爸。

反应："真想不到！你还是个暴力犯事的家伙！你太不像话了，现在马上去跟那名同学道歉。明天早上我去找你们的辅导老师，跟他谈谈该怎么办，看要怎么处理你！"

替代反应："真想不到！不过好吧，你能跟我讲这件事，总是好的……事情是怎么发生的？你现在感觉怎么样？攻击别人，对方倒在地上了你还用脚踢，这样实在不行。失去控制是很严重的事，这个你知道吧？我们现在要怎么办？"

此时如果儿子说："不知道！"

父亲也可以积极引导："你自己好好想想！等会儿我就回家，然后咱们再一起聊聊。"

在父亲的要求之下，尼克自己也该想想应该怎么办。这样，父亲就让儿子也承担起了对自己行为的责任。儿子必须对自己的攻击行为进行反思。父亲没有训斥儿子这个人，但是讲得十分清楚，儿子的行为不能被接受。同时父亲没有直接把现成的答案提供给儿子。假设尼克最后没有提出任何建议或想法，父亲还可以再跟他共同寻找其他解决办法。

这样，双方都赢得了思考的时间，也就有可能在恼怒的情绪消散后，把发生的事情再从头到尾整理一遍，并想想下一步该怎么办。

（六）意见反馈的对象是孩子而不是我们自己

情境：我女儿萨丽上七年级，还有几天就要进行英语考试了。不同于以往，她今天接受了妈妈的辅导。

这次我做到了，没有不知所措，相当镇定，并在做练习时给她注入了希望。和从前不同，这次一切都进行得相当顺利。

一周后，女儿双眼放光地告诉我，英语考试她得了2分。我这个专家、父母课堂导师，近10年来教过别人几百次意见反馈的规则，但当时我脱口而出的是什么？竟然是："你看多好！多亏我这次跟你做了练习！"

我们父母就是这样，理论上我们常常什么都知道，但现实生活中我们又是怎么做的呢？

替代反应："很棒！真为你高兴！你勤奋地做练习确实很值得！"

情境：女儿跟班级去郊游的路上，天气意外降温。

反应：女儿回家后母亲说："你看，我又说对了吧，好在提醒你带了一件毛衣。我就知道会降温的。"

替代反应："你把那件毛衣带上了，这非常明智。还真是降温了。"

（七）给出意见反馈的最佳时间点是事件刚发生后不久，但是晚些时候给出反馈也好过完全不给

如果父母对孩子的行为做出不恰当或者过分的反应，那么往往会在之后很长一段时间内被一些疑惑所困扰。我们的意识中会出现负罪感和不安，会问自己："我是不是说错了？我不应该动手！我是不是太严厉了？是不是不应该冲着孩子大吼？"

如果我们太快对孩子施加了惩罚，那么过后又会变得不确信，质问自己这样做是否正确。怎样才能从这种困境中走出来呢？怎样才能摆脱这种不安？

假如父母脑海中总是想着以下这些道听途说的信条，往往就更难寻获答案：

○　父母的言行必须前后一致。

○　说过、做过的就不能再收回来了。

○　已经太晚了。

○　孩子已经忘记了。

我们父母很喜欢求助这些"金句"，但这样一来，改正自己的决定或行为就变得不那么简单了。其实还有另一个问题：这些句子就完全有道理吗？

关于前后一致

无论是父亲还是母亲，我们都不是机器，无法总是交出正确无误的养育答卷。我们也不应如此要求自己。

如果做出了过快或者未经思考的反应，便应修改这个所谓前后一致、说一不二的原则。我们应该以开放的态度去应对。为此，父母要有力量和勇气去面对自己的弱点，并为自己的不足而承担后果。

说过、做过的就不能再收回来了

如果你打了别人一耳光，行为上已成既定事实，那这确实是收不回来了，但你可以为自己的失控行为道歉。不过，这并不代表我们要对孩子那些调皮捣蛋的行为也道歉了事："对不起，我打了你一耳光。我失控了，那是我的错。但你对我说出了那么多难听的骂人的话，这让我很愤怒。你知道，我不能姑息这一套一套的脏话。"

当道歉之后，所有人都心平气和了，我们还需要把事情厘清："怎么会出现这种情况？以后可以怎样避免这类事情再度发生？"

任何时候都不晚

回想一下自己童年时期的某个情境，当受到父母不当的惩罚或者恶劣的对待时，我们不会那么容易忘记。因此以下原则也相当重要：迟到的解释和道歉好过完全没有。

— 案例 —

迟到的解释和道歉

在父母课堂上，一位叫阿尼卡的母亲讲述了四天前，她在一次争吵中严厉地管教了七岁的女儿，并把她推进了房间。她询问在场的其他父母，自己这样做是否太过分了？大家对此进行了讨论。然后一位父亲建议："还是问一下你的孩子吧！她是唯一一能给你确切答案的人。"

"现在一切都太晚了，她肯定把这件事忘了。"阿尼卡说。

"但是你还没有，你还在想着这件事。如果你女儿忘记了，那很好，说明对她来说不严重。如果她没忘，即使事情已经过去了，你也可以跟她解释和道歉。"那位父亲说。

第二天阿尼卡询问了她的女儿。女儿没有忘记这件事，还说，妈妈推得她很痛，她觉得这是愚蠢的行为。接下来，阿尼卡借机跟女儿谈论了背后的原因，并就把她弄痛一事道了歉。

这样，阿尼卡就不会在多年后的圣诞树下，还要跟女儿争论当年在花园街公寓发生了什么，是谁的"错"了。家庭中的这类争吵如此真实：奶奶和祖奶奶、母亲和女儿激烈地讨论着，多年前母亲惩罚女儿，把她关在家里是对还是不对，就好像这是昨天发生的事。

作业

自评问卷

此问卷用于帮助我们思考和评估自己与他人的相处方式。

○ 为您的行为评分，相关对象可能是：

· 自己

· 您的伴侣

· 您的孩子——正处于艰难的成长阶段

○ 最后你们可以一起谈谈，各项评估是否一致，或者希望就哪几点做出改变。

1. 我可以跟别人谈论我的感受吗？我觉得：

难　　　　4 3 2 1　　　　易

2. 我能倾听吗？我觉得：

难　　　　4 3 2 1　　　　易

3. 在日常情境中，我能明白自己当下给出这种而不是那种反应的原因吗？ 我觉得：

难　　　　4 3 2 1　　　　易

4. 我是否可以忍受人与人之间的冲突？

难　　　　4 3 2 1　　　　易

5. 我是否能够容忍或谅解别人对我的行为进行评论？

难　　　　4 3 2 1　　　　易

6. 我是否能让我的意见引起关注？

难　　　　4 3 2 1　　　　易

7. 我和伴侣之间的关系特征是：

难　　　　4 3 2 1　　　　易

8. 我是否能够接收并享受他人的关爱、肯定和体贴？

难　　　　4 3 2 1　　　　易

9. 我是否能向他人表示关爱、表达感谢和给予肯定？

    难   4 3 2 1   易

10. 我是否能谈论自己的负面感受，如愤怒、受伤、失望？

    难   4 3 2 1   易

11. 我是否能承认错误并道歉？

    难   4 3 2 1   易

12. 当在冲突情境中受到阻力时，我是否能坚持自己的立场？

    难   4 3 2 1   易

这个问卷中的问题都是用"我能……吗？"来表述的。但里面的关键点是："我是否也是这样做的？"

所以当你再次核对这些问题时，请试着回答："我的伴侣是否曾经感受到，我不仅在原则上有能力这样做，而且在具体行动上也是这样做的？"

你的意见反馈

接下来两天请你特别注意：

○   你是如何对孩子的行为和话语做出反应的？

○   你用何种方式对伴侣进行意见反馈？

○   对你来说，七条意见反馈规则中哪三条最为重要？

关爱、接纳和信任是形成自我价值感的基础。

关注积极的一面，孩子需要在他们发现世界之旅中得到父母的协助与支持。

当孩子遇到问题时，
我能怎样帮助他？

| 座右铭 | 他人的情绪问题我们不能代为解决，只能从旁协助！ |

课堂上，父母经常提出这类问题：当孩子遇到问题时，我能做些什么？当孩子感到失望时，遭到不公平的对待时，因为朋友对他置之不理而感到失落时，因为感受不到父母的关注而伤心难过时，或者因为他人没有遵守承诺而感到愤怒时，我们作为父母，可以为孩子做些什么呢？

就如同父母都希望替孩子解决问题一样，对于上述情况，父母课程的导师也想快速给出一个合适的答案。但欲速则不达。问题也往往不会这么简单，否则家长早就自己找到解决的办法了。我们并不是要自上而下地让一位导师像"专家"那样，把一个现成的答案直接提供给父母，或者让父母把一个现成的答案直接提供给孩子。我们的孩子各有不同，很少有现成的答案。这个孩子长着绿色的眼睛，那个孩子长着棕色的眼睛，分别继承了各自爸爸的基因，适合我女儿的方法可能恰恰不是她儿子此刻所需要的。

我们父母课堂的目的其实更在于协助父母，让父母有可能亲自去构建适合自己孩子和自己家庭的养育思路，并寻获解决问题的途径。我们旨在向父母和孩子展示方法——无论将来遇到何种情况，无论孩子处在什么年龄段，他们都能有效地运用这些方法。这里我们强调一种态度，这种态度就是我们导师在父母面前的态度，也是父母在孩子面前的态度。我们认为，所有的父亲、母亲和孩子，都有持续自我发展和自我学习的能力。为此，我们应当充分地信任他们、重视他们、尊重他们，并让他们最大限度地参与到问题解决方案的构建中来。

☞ 父母如何协助孩子在困境中变得强大？

经验证明，以下步骤可协助孩子解决问题：

○ 有时间并做好心理准备，愿意去认真对待孩子的问题。

○ 有时间并做好心理准备，愿意去关注、倾听和理解孩子。

○ 在做出反应之前留出思考的时间。

○ 有耐心，用符合孩子年龄的方式跟孩子共同寻找解决问题的途径。

○ 相信孩子有能力应对挫折并从中获得经验。因为有些问题可能不会很快得到解决，也有些问题不会有令人满意的解决方案，还有些问题甚至完全无法解决。

要想培养出强大的孩子，我们必须意识到，主动并且有能力为自己的问题寻找解决方案，也是孩子内在有力量的一种表现。

为此，孩子需要时间，也需要不被干扰。我们父母首先要学习克制自己，因为我们往往过于勤快地想要为孩子铺平道路，替他们解决问题。

孩子从小就应该拥有自由的空间，去尝试不同的事物，积累各种经验。所以就让我们成年人给他们提供这样的机会吧！让他们体验到自我效能感，让他们独立解决问题并主导自己的人生。虽然我们是出于"好意"，但是因为实在太想保护孩子，我们大人往往会切断他们体验生活的途径。其实很多问题往往不需要我们立即去解决的，再说，很多事也不是一下子就能解决的。

退后一步，但又不让孩子处于无助之境，我们大人要传递认真对待他们的感受的信号。一方面代表我们尊重孩子的独立个性；另一方面，我们表达出了对他们能力的信任。

不冒进、不紧逼，显示了我们对孩子的信任，即相信他有能力应对困难，即使有些困难是无法解决的，他也能够忍耐并且接受。

当然，如果事情关乎针对孩子的暴力行为，那么父母和其他成年人就要毫不犹豫地承担起保护孩子的责任。

☞ 当孩子遇到问题时，我们如何反应？

在忙碌的日常生活中，我们经常会用一句简单安慰的话去回应孩子的请求："这事没那么严重吧！"或者"我现在没空。"有时我们可能根本没认真听孩子在说什么，脑海中盘旋的还是锅里煮的饭。

还有其他几种比较常见的反应，它们都是我亲身体验或在父母课堂上见到的。

七种典型的反应方式

让我们仔细看看，当孩子带着某个问题来找我们时，我们出于本能是怎么做的，还可以选择哪些其他做法。

我们至少可以观察到**七种典型的反应方式**：

（一）决断型

（二）臆想、假设型

（三）忽视、放任型

（四）无责安慰型

（五）全盘接受型

（六）分析型

（七）共情、同理型

上述这些类型大体构成了我们的日常反应方式，也往往表达了我们的态度。我们可以检查一下，看看自己是否倾向于特别频繁地使用其中一种或几种。

我们借助以下这个孩子成长过程中许多家庭都会出现的情境，来展示这七种典型的反应方式在具体情况中的表现。

— 案例 —

"我不想去上学"

情境：早上七点半，孩子看起来很不高兴，吞吞吐吐，抱怨道："我不上学了，讨厌的学校！我再也不去了！"

对孩子的这种表现有七种可能出现的回应方式。

（一）决断型的反应方式

"不许乱说，你当然要去上学。所有孩子都必须上学。"

（二）臆想、假设型的反应方式

"我还是了解你的，你肯定又闯祸了，或者没做作业，要不然就是惹老师生气了。"

这种臆想型的反应方式往往伴随着父母对孩子的主观假设和解读。在这种情况下，父母的基本态度是："作为父亲或母亲，我知道孩子为什么这样做或者不这样做。我一眼就能看透他行为背后的原因。"

特别是在孩子还小的时候，父母显得强势，也更有影响力，是孩子眼中的权威。因此面对父母的定义，孩子会感到无力。如果孩子无法做到自我防御，或者他的反抗没有被认真对待，那么除了自我封闭或者找个别的出气筒之外，他就别无选择了。

从父母的视角来看，我们对孩子的假设和臆测似乎都有道理。下面这些句子就体现了父母的这类假设和臆测：

○　"你这样做纯粹是因为自私。"

○　"你这样做完全是因为你忌妒弟弟。"

○ "你这样做完全是为了惹我生气。"

的确，父母往往对孩子了如指掌，我们的解读也不无道理。但在这里，我更想推荐一个更为简单直接的做法：问问孩子！尝试用以下方法更为平和地与孩子沟通。

○ "你现在这样做，是因为你一定要得到它吗？它对你来说这么重要吗？"
○ "你是不是在想，我现在更关心你弟弟？"
○ "你现在特别生我的气，对吧？"

（三）忽视、放任型的反应方式

"你爱怎样就怎样，我是无所谓。这又不是我的问题！"

当这些句子一而再，再而三地出现时，就代表亲子关系已经失常很久，乃至于父母力不从心了。

"你爱怎样就怎样"这句话，不论是在何种情况下说出来，都可能造成深远的影响。但在青春期后尤为严重，掺杂着受伤和叛逆的心情，青少年会抓住并利用这一点，顺理成章地把它当成"自由的幌子"，从而制造出更多的挑衅行为。而当亲子关系的冲突被点燃，孩子更是会把这句话当成父母不关心、不在乎自己的证据。如果你说出这句话是因为"说溜了嘴",那我建议你及时解释清楚。如果你确实感觉到心灰意冷或者无能为力,那么请向相应的咨询机构求助。

在一些不那么激烈的情境中,假如父母还有精力加入与青少年子女之间的争论或"战斗",那么把这句话反过来说,则会对亲子关系产生正面的意义。正如这位父亲在一次与儿子的争吵中清楚地表达出来的一样:

"正因为你对我来说很重要,我才会跟你吵。你做什么对我来说不是根本无所谓,所以我希望你停止这种闹剧。"

(四)无责安慰型的反应方式

"啊,真可怜。谁都有不开心的时候!明天就会烟消云散了。你不用这么伤心的。"

带着同理心的安慰是美好的,它带来抚慰、理解,充满爱心而且温暖。但是当孩子对他的"不幸"不知所措,当他伤心难过、生病不适,当某些"事故"发生,或者在许多其他类似的情况中,无责安慰型的反应,却恰恰是一种"强迫"——强迫孩子忽略眼前的问题和自己的感受。带着同理心的安慰既重要又必要,是孩子接纳伤痛的一个信号。比如孩子跌倒了,摔痛了,那么安慰和共情就有"奇迹般的疗效"。

相反，如果我们是通过安慰让他忽略一些事情，那么我们真的是出于好意吗？我们是真诚地想要帮助对方吗？不妨搜索一下自己记忆中的场景，当我们感到失望或者愤怒时，有人用这样的说辞来安慰我们："别难过了，没那么严重，会好起来的。""抬起头来，不用伤心。"那些帮到我们了吗？没有，真的完全没有。这种想让人忽略一些东西的安慰只是淡化了问题。

如此一来，我们也没有机会去探究问题背后到底隐藏着什么了，也无法厘清任何事情。问题反而被掩盖起来了。

（五）全盘接受型的反应方式

"就你们这所学校，你不想上学，我一点都不惊讶。确实是一所让人讨厌的学校。我要是有这样的老师，我也不想去，这老师古里古怪的。"

全盘接受型的反应方式中包含着一种操之过急的、对孩子的感受和立场的全面认同。其背后的理念是："孩子是对的。他说什么、做什么、感觉到什么都有他的道理。"在感受层面与他人"在同一条河里畅游"对我们充满着诱惑力。这样会让人产生强烈的亲近感，也会让父母觉得很有力量。对孩子来说，当父母跟着自己跳上了同一条船，首先似乎感觉到很受安慰。这能给他一种归属感和被保护感。父母完全地、无条件地站在自己这边，完全是"跟我一伙儿的"。

不过，一如无责安慰型的反应方式，全盘接受型的反应方式也会让问题背后的根源被隐藏起来。父母不去询问发生了什么、在哪里发生以及如何发生就认同孩子的说法，无疑会给孩子造成这样一种印象：父母不关心这个问题，也没有兴趣解决这个问题。

全盘接受型的反应方式在结果上可能会让孩子产生无助感和无力感。孩子会得出这样的结论：把事情告诉父母也没有什么用。

另外还要注意，在全盘接受型的反应方式中，如果我们过于快速、不经思考地接受孩子的观点，并把孩子的感受变成自己的感受，就有可能存在很大的盲目行动的危险。同时孩子的问题也有可能会因为我们的盲目认同而被进一步扩大。

因此，我们始终建议父母，在孩子情绪激动时要审慎地回应，给自己，也给孩子时间和机会，从不同的视角看待问题，以便理解问题，并尽可能地和孩子共同商量下一步的行动。孩子在很多情况下比我们想象的更有能力去自行调节他们的"躁动"，只要我们去倾听他们，接住他们的怒火并协助他们厘清事情的来龙去脉。作为父母，做到这些通常也就足够了。

以下案例来自父母课堂上的一位母亲萨比娜。它有力地证明了在孩子情绪激动时审慎回应以及积极协商的重要性。

　　7 岁的桑德拉放学回家，激动不已地控诉班上的同学帕德里科偷了她的作业本，还扔到了角落里的行为。萨比娜觉得这太不像话了。她受到女儿情绪的感染，觉得自己有责任做点什么。第二天，当她去学校接女儿放学的时候，在校园里找到了帕德里科，就偷扔作业本这件事将他训斥了一顿。帕德里科眼巴巴地看着桑德拉。妈妈发现，女儿这时羞愧地把头转到了一边。当母女俩走到街上时，桑德拉哭了起来，并责怪妈妈："你刚才都做了什么！太尴尬了！我们俩早就和好了。"

（六）分析型的反应方式

"怎么了？发生了什么事情？跟我说说！"
分析型的反应方式包含以下要素：

○ 提出问题：发生了什么事，什么时候发生的，在哪里发生的，如何发生的以及谁参与了
○ 没有预设意见
○ 不指责
○ 关注点放在找出发生了什么事情上

使用分析型的反应方式，孩子便有可能心平气和地把事情的经过再讲述一遍，从而可以对事情加以审视，厘清前因后果。如此一来，我们就有可能协助孩子得出他自己的结论，促使其找到摆脱自身困境的出路。然而，在分析型的反应中，缺少情感层面的关注。有时它更让我们联想到问卷调查、采访或者审问。

（七）共情、同理型的反应方式

"你看起来好像很生气。"

共情的反应，第一要素就是：父母要关注到孩子话语背后的状态和感受。也就是说，我们谈论的，是我们看到的和我们认为自己理解的；我们会保持克制，不直接给出我们的评价。

我们要推荐的是分析型与共情、同理型相结合的反应方式。把这两种方式结合起来，不仅能解决问题，还能让我们和孩子建立起充满信任的关系。

这种反应方式会让所有参与者感到舒服，也能让父母摆脱必须马上甩出个答案的压力。它让我们有时间对情况加以分析，并让孩子有可能在家长的协助下（而不是批判、评价或指责），亲自去探寻对整体情况的更加深入的理解。

☞ 共情、积极地倾听并共同寻找答案

在困境中运用共情能力，积极地倾听，并和孩子共同寻找问题的答案，有助于增强孩子对自我效能感的体验。

共情能力是指感受他人内在情绪和情感的能力，即便在对方的表述出现矛盾时，依然能够觉察到他的情绪、情感状态，并尝试对其加以理解。接纳孩子的感受并不总是一件容易的事，尤其是当他们的感受跟我们自己的感受有较大差别时。

当我们积极、共情地倾听，孩子便有机会厘清并持续建构自己的思路。同时我们也避免了挑战孩子而使其不得不自我防御的风险。

— 案例 —

罚写作业

11岁的马丁又一次带着被罚做的作业怒气冲冲地回到家。母亲刚要劈头盖脸地问"你又干什么好事了"，突然想起父母课堂上关于倾

听的第一条规则：首先忍住，不要直接批评，请等一等，给孩子一个讲述的机会。于是她把已经到了嘴边的话咽了回去，只是问："出什么事了？"然后开始倾听马丁讲述。她没有打断，没有指责，也没有臆测。

在讲述的过程中，马丁自己意识到：他应该被罚写作业，因为他刚才在考试中试图抄别人的卷子。也就是说，他在讲述的过程中认识到了，老师罚他写作业是公正的。

另外，倾听需要父母花时间，并向孩子显示出他们的意愿："我有心想帮助你。"如果父母刚好没有时间，就应该诚实地说出来，并和孩子约定一个合适的时间。

共情的倾听也可以表现为接纳型的沉默，也就是听对方说。如果孩子在叙述的过程中卡住了，倾听者可以用下面这些简单的词语鼓励对方继续讲下去：哦，嗯，讲下去，然后呢，太过分了，听起来真可怕，等等。重要的是，倾听者也要不时地复述一些听到的内容，问一下孩子，自己的理解是否正确，以免出现一些错误的解读。另外，倾听时我们还可以插入提问，这表示作为父亲或母亲，我正在认真聆听，没有走神，也没有心不在焉。

积极、共情的倾听的目的是让所有参与者都能理解孩子的问题。这是我们寻找解决办法的前提。

而我们的下一步——共同寻找答案，可由以下这类问句引出：

"那接下来怎么办？"

"我能怎样协助你？"

"我们现在可以做什么？"

"你觉得现在你应该做什么？或者我们应该做什么？"

再进一步的提问也会很有帮助，比如我们可以问："如果你尝试这么做，可能会怎样？""假设你做了……或者……会有什么反应？"这些假设性的问题会对孩子寻找答案有所助益，因为借助这些问题，我们可以将许多步骤首先在想象层面推演一遍。这种方法有助于减少孩子的恐惧，且往往让我们感到惊人的清晰和明朗。

积极、共情的倾听也是以信任为前提的。请信任你的孩子！请相信他会以一种与自己年龄相称的方式应对并解决自己的问题。在不同的情境下，孩子有时需要父母的协助多些，有时少些。在小问题上，他们可能完全不需要协助。在大问题上，比如遇到重大家庭危机、家庭成员分离或者暴力问题等，他们则会需要更多的支持。在这类重大问题上，额外的专业协助也往往是必不可少的。

让我们想想，孩子的感受会发生的改变：仇恨可能变成爱，绝望中可能生出希望，这会让我们感到宽慰。

◉ 某些典型情境的其他案例
以及上述提到的典型反应方式

— 案例 —

萨丽早上拒绝上学

某天早上，在餐桌上终于发生了这件事。我们家也出现了这种声音："讨厌的学校！我不想去，我再也不去学校了。"常常是在走出家门之前的 5 分钟，家长会听到这句话。但我们 8 岁的女儿这次还算仁慈，她是在我们出门前 15 分钟说出来的。

于是我看着女儿，开始共情地倾听，想知道她这句话背后的意思。她流露出怎样的感受？愤怒？不是；逆反？不是；害怕？没有直接显示出来，但有点这个意思。她更像是受到了压抑，有点怨气，闷闷不乐。

"哦，这样，你不想上学。怎么会这样？"

没有答复。

"你看起来有点郁闷，对不对？"

没有答复。

"噢，是学校里发生了什么糟糕的事吗？"

没有答复。

"挨老师批评了？"

"没有啊。"

"学校里有谁惹你生气了？"

"没有啊。"

这一次，在这种情况下，我还是做到了完全保持镇定，没有不耐烦，而是按照自己的思路，一边把想到的说出来，一边继续想：

"哎呀，会是什么事呢？是不是数学或者德语课上有什么不明白的地方？"

"没有。"

"……还是你把什么事情忘记了？没带作业，没带运动用品，或者其他什么？"

"没有。"

"但我明明看到，你有心事，闷闷不乐，而且程度还不轻，你甚至都不想上学了。到底是什么事呢？如果不知道是怎么回事我就帮不了你，我真想不出来会是什么事了，你能帮我解惑吗？"

长时间的停顿，然后她犹豫地、非常小声地说：

"嗯，就是，就是……一个男人……"

一个男人！儿童保护的天线一下子从我后脖颈冲出来。在刚刚过去的几个月里，所有人都因为比利时恋童癖杀人狂事件和社会上广为讨论的那几宗强暴致死的血腥惨案而变得高度敏感，我也是！

"一个男人？什么样的男人？"我努力用尽可能正常的声音问道。

"嗯，你认识的，那个红头发、带着一条猎犬的男人。"

"对，我知道这个人，他怎么了？他对你做了什么吗？"

"没有，没有直接做什么，但是……"她的情绪终于暴发，眼泪倾泻而出，就像决了堤的大坝，"但你知道吗，以前我跟约翰娜老是惹他发火，那时候他就警告过我们，还冲着我们喊'小心点，如果有一天再碰到你们，我会给你们点颜色看看'，我知道那是我们的错，我们惹火了他。但昨天在去学校的路上，我又碰到他在遛狗。所以现在……现在我不敢再去学校了。"

情况清楚了。约翰娜（她学校里的好友）刚搬到波恩去了。从现在开始，萨丽必须一个人走这条路了。惹那个男人生气的"勇气游戏"玩不下去了。不管当时她是对还是错，现在她都害怕走这条路。

到此为止，一切都还不错。没有评价性的提问，也没有假设任何情况，在一个安静的、接纳性的氛围里，我找到了女儿拒绝去上学的原因，并让她把自己的恐惧正大光明地自由表达了出来。第一步看来成功了。

但现在有一个问题：再过10分钟就8点了，但我还没找到一点解决问题的办法。我一点主意都没有！我的灵感源泉再一次枯竭了。

那我就说出内心的想法吧！情况紧急，我又没有任何办法，只剩下最后一根救命稻草了。这时候我总是会提出那个力挽狂澜的问题，给我和孩子留出时间来思考：我们现在能做什么？

"嗯，我们应该拿这个男人怎么办呢？你想出什么好办法了吗？"

"没有！"

"好孩子，我非常理解你现在很难办，但我们怎么才能搞定这件事呢？我不能保证总是可以送你去学校。今天刚好还行，但你总会在路上遇到那个男人啊。"

我这回答有点笨嘴拙舌。但这是我目前唯一还能想到的话。连我自己都不觉得这有什么说服力，更别提什么启发性了："无论如何，你可以跟他说，如果他想把你怎么样，你妈妈会赶过来，她可是一只会咆哮的母老虎，你爸爸还是一个空手道高手。"

我话音还没落，萨丽就跳了起来，大喊道："天啊！还差10分钟就8点了，我得赶快上学了！妈妈再见！"她一溜烟就跑得不见人影了。

我惊讶得目瞪口呆，我真不明白，那个像谜一样的答案到底是什么？

是那个会咆哮的母老虎妈妈，还是空手道爸爸？或者就是这样一个事实，8岁的萨丽有机会并被允许表达了她的恐惧，虽然是"自己的错"，把那个男人惹恼了，但她没有因此被绑在刑柱上受审。在我看来，最重要的一点是，我接受了萨丽的问题、恐惧和过错。通过允许她尽情倾诉，萨丽释放了恐惧导致的窒息感。值得一提的是，我们当下没有找到"正确"的答案，然而她依然有能力自己解开这个困局。更重要的是，这整个过程实际只用了5~7分钟。

假如我用了下面的话来回答她，那就不知要用多长时间才能解决问题了："胡说，你当然要去学校了！""看你又干什么好事了！自找苦吃，谁叫你惹他生气了！""那就待在家里，好好休息休息，谁都有不想上学的时候。""没事的，明天一切都会好起来的。"

父母往往会在课堂上提出反对，他们不同意在早上进行讨论，因为早上没有时间去长篇大论。但这根本不需要长篇大论。我敢断言，用三五句精准的提问，不仅能节省时间，还能保持心态。如果你不给自己压力，不去逼迫自己必须马上给出答案，那么你找到一个能让所有参与者接受的解决方案的概率就会提高好几倍，这样自然也就不会发生以下情况：用强迫或暴力把孩子硬拖到车上，惹得他们反抗、尖叫，或者把哭成一团的人儿丢在家里，或者……天知道还有什么其他可能。总之核心的问题——孩子的恐惧，根本没有得到处理，依然存在。

就有关情况交谈之后，孩子就可以安心地去上学了。因为她知道了，父母就在那里，即便是很糟糕的事，她也可以对父母讲，而父母不会因此就劈头盖脸地指责她、暴怒或者陷入恐慌。

假如我是一个模范妈妈，那天早上可能就会跟萨丽一起去找那个男人，并试着当面把情况跟他说清——孩子被吓到了。不过可惜，我没有机会。

提示

* 这里的重点不是三五个神奇的提问。并不是靠着这些问句，我们就把问题解决了。真正起到助益的是，我们有兴趣、愿意尝试，至少想要理解孩子。除此之外，我们有意愿，而且特别拿出时间跟孩子聊他们的问题。这样做还能有意外收获——让我们学习如何高效管理时间。需要克服的可能是我们要在忙乱之中让自己的感受和思考专注于孩子的请求，同时要对自己的反应加以克制。

* 另外，还可能会出现这样的情况：无论父母如何努力，都找不到直接的解决方法，我们除了使用自己作为父母的权力之外别无他法。在这种情况下，重要的是，父母应该在之后的某个时间点，比如在晚上有空的时候，主动再次提起话题并做事后处理。因为强烈的情绪已经趋于缓和，父母和孩子便更有可能进行一次平静、全面的谈话。

— 案例 —

其他孩子不想跟我玩

孩子说："萨廖尔和蒂娜都笨得很。他们不想跟我玩儿。我再也不想跟他们做朋友了。"

臆想型和决断型的反应方式

"你怎么就不能跟其他小朋友好好玩儿呢？又惹什么麻烦了？你肯定又想自己说了算！快点，跟小朋友们和好去！"

无责安慰型的反应方式

"嘿，没事的，没那么严重。这种事谁都遇到过。三个人一起玩儿总归有点儿难。别再为这事儿伤心了，再找几个别的朋友吧。"

共情、同理型和分析型的反应方式

父亲："啊！发生什么事了？你看起来真的生萨廖尔和蒂娜的气了！"

孩子："是他们先说要跟我玩儿的，然后他们又什么都不想玩儿。"

父亲："……那他们想要做什么呢？"

孩子："他们只想看电视。"

父亲："哦，那你呢？"

孩子："我想……我想我们继续搭乐高城堡。"

父亲："……然后呢？"

孩子："他们跟我说，我也可以自己一个人搭，或者回家去！"

父亲："啊！听起来不那么好玩儿！"

孩子："不好玩儿……"

父亲："后来呢？"

孩子："……"

父亲："还有什么吗？你看起来还是有点儿郁闷，好像还有什么事儿让你不高兴，是吗？"

孩子："是……"

父亲："来，跟我说说，我又不骂你。"

孩子："真的吗？"

父亲："一言既出，驷马难追！"

孩子："然后我走进房间里，把城堡上的塔楼打倒了，接着我就走了。"

父亲："孩子，你真这么恼火？"

孩子："就是！"

父亲："我可以理解，你当时特别恼火……但现在那座塔倒了！你觉得这样好吗？"

孩子："……"

父亲："看你这样子，塔楼倒了，你自己好像也不太高兴。"

孩子："是有点儿不高兴。"

父亲："那……接下来该怎么办？"

孩子："不知道。"

父亲："好好想想！就这样不管了，你觉得合适吗？"

孩子："不合适。"

父亲："我也觉得是这样，那我们现在该怎么做呢？"

孩子："你觉得我是不是应该给他们打个电话，说我明天过去，会把那座塔再搭好？"

父亲："好主意，就这样做吧！"

假如孩子没有想出自己的解决方案，父亲还是可以提出一两个建议，协助他把情况厘清。

作业

共情、积极地倾听

1. 在接下来的几天里，有意识地使用共情，倾听孩子（以及伴侣）。

2. 观察共情、积极地倾听有哪些效果？

3. 请注意观察共情地倾听是否对解决问题有所帮助，如果有，是怎样的帮助？

接纳孩子独特的成长节奏。

请相信孩子会以一种与自己年龄相称的方式应对并解决自己的问题。

在不同的情境下，孩子有时需要父母的协助多些，有时少些，有时完全不需要。

遇到问题时，我能做什么？
或者说，我如何表达自己的需求？

| 座右铭 | 首先改变自己的行为，
不要期待对方先迈出第一步！ |

家庭里如果遇到问题或者出现冲突，我们应先抽出时间并尝试整理思绪：这到底是谁的问题？！这会对我们有很大帮助。这是我的问题吗？是伴侣的问题？还是孩子的问题？或者根本就不是问题？也许只是孩子到了某个成长阶段，而调皮捣蛋是这一阶段的孩子的典型行为。

或者，这是我们所有人的问题。在某些情况下，问题也许只是在生活环境的压力下产生的。这是家庭的现状，且暂时似乎看不到出路，或者也没有出路。

这一章要处理的问题是：作为父亲或者母亲，如果我遇到问题，该如何处理？这些问题跟哪些因素有关？我们还要重点观察：我自己有哪些需求？如果这些需求没有得到满足会有哪些后果？我如何表达自己？其他人是否真的知道什么对我是重要的？为什么重要？对于我的需求，对方如何反应？最后，如何才能更好地相互理解？

◉ 父母的需求

父母课堂的经验显示，父母需求清单上最靠前的几项是：时间、爱、体贴、睡眠、承认、尊重以及做有意义和美好的事。因为生活中这些需求真实存在着，所以我们不是要讨论它们从原则上来看是否正当、合理。重要的是，我们要把这些需求展示给其他家庭成员，让他们能够理解我们的需求。难点就在于，我们要去衡量哪些需求以及要得到多大限度的满足？应该在什么时候得到满足？如何能让我的需求和愿望与他人的协调一致？谁在什么时候、付出了哪些"代价"？谁的需求又在何种程度上被照顾到了？因此，困扰家庭成员的一项长期矛盾就是：父母是否以及如何能够分身去协调好其作为家长的各种义务、职场对他们的要求以及自己的业余爱好？同样，孩子也有类似的问题：如何把学业、交友、爱好以及家庭生活协调好？家庭生活应该首先根据父母的需求和职业上的要求来给出方向和框架吗？还是要围绕着孩子的日程表来规划？为了避免某些家庭成员长期感到被忽视，我们要探讨、厘清每个个体的需要，协商并达成适当的妥协。因为时间紧迫、行程安排密集，这些都是家庭在日常生活中最难处理的任务。

现代家庭在很大程度上是一个协商共同体。不论是母亲、父亲，还是孩子，都会以一种与从前截然不同的方式去主张自己的需求和愿望，并使之得到满足。传统互动模式中可供参考的榜样并不多见，发展新模式这一任务就落在了新一代父母的肩上。父母要注意的是，孩子有一项"额外"的需求，即孩子会更需要有人在一旁亲身照顾和引导，孩子越小，这一需求就越强烈。

此外，分配家庭事务也是父母的责任。职场本身也必须顺应让工作和家庭协调一致的要求，提供与此相适应的框架条件。这向所有的参与者都提出了极高的要求。寻找家庭有效运转的新模式已经在进行了，不过相比社会发展和职业条件的演变，这项进程还是显得太慢了。

◉ 当需求没有得到满足时我的反应

"我承担得太多了！"

尽为人父母的义务，满足职业上的要求以及休息、给自己充电的需要，这些愿望之间的不平衡常常是引起家庭矛盾的主要原因。

如果我们没能做好规划，只感到我们"承担得太多了"，或者在某个生活阶段只有"付出"而没有获得，或者当需求被忽视时，挫败感就会涌上心头。"我总是一个人承担所有的事情",这种感觉会扩散开来,伴随而来的常常是疲惫不堪、无精打采,最后导致失望、愤怒等消极情绪的爆发。

"我已经筋疲力尽了!"

孩子越小,父母自身的需求越容易被忽视。在孩子出生后的早期阶段,父母往往得不到足够的休息和睡眠,一天 24 小时都要打起精神,处于"待机"状态。另外,当一个人独自承担责任时,就会产生一种不确定感,会质疑自己的某些做法到底是否"正确",这会使人精神疲惫。再加上实实在在的劳累,就可能会演变成慢性疲劳。在这种情况下,夫妻之间的争吵和相互指责几乎是必然结果。"你从不帮我!""你永远不在家!""你现在只知道诉苦!""就这么一点儿孩子的事儿,又怎么了!"这类言语往往会成为有孩子(尤其是幼儿)的家庭日常生活的常用语。

父母会对孩子无端指责,对孩子的吵闹过度敏感,对他们的活泼和好奇心缺乏耐心,认为孩子只会让生活变得更累。这些也都是父母感到被过度要求和力不从心的结果。

"我累得不行了,你们真不像话。"长时间生活在这样一种氛围里,既不会让父母变得强大,也不会让孩子变得强大。

但这并不是说，作为父母的我们在任何时候都必须表现得强大，要当"完美的榜样"。为人父母也经常会抱怨、发牢骚、争吵、哭泣和吼叫。

如果想发牢骚，那些愿意倾听的朋友可以帮你，他们会忍受抱怨，且不会直接给出自己的主观建议；其他孩子的父母也可以帮你，他们会把吼叫的你看成"命运的同行者"，和他们在一起，你可以尽情控诉那些"恐怖"的状况，因为他们也有相同的经历；那些不带偏见的亲戚也能帮你，他们会理解你，协助你。父母应该更加勇敢，明确地请求帮助。愿意提供帮助的人很多，比我们想象的要多得多。

如果疲累让我们感觉长期缺乏动力，感到持续的愤怒和孤单，那么是时候向专业机构预约咨询服务了。这也是我们最需要外部协助的时刻。

很遗憾，德国最新的《联邦未成年人保护法》（2011 年 11 月）尚未将父母获得咨询和帮助列为一项法律主张，但在法律条文中提到了，父母在养育孩子和伴侣关系问题上，应当获得相应的咨询服务和帮助。

"我只能大吼大叫了！"

如果我尚未完全被疲惫感所掌控，如果我还处于所谓"正常状态"，如果我的愤怒是健康的、是促使我改变的动力，那么就可以看看，有哪些方法可以帮助我从容地应对自己的愤怒，以令我始终对它有所控制。

愤怒是一种十分强烈的情绪。它会产生能量。愤怒会使我们的脸部涨红，使我们失去对自我的控制，会让我们做出令自己后悔的事，会让我们难以按捺自己，更甚者，会引发暴力。

当我不被尊重，当我被迫做一些事情，当我的意见没有被听取，当我受到不公平对待——这些情况都会使我感到愤怒。儿时所受的屈辱、诽谤，曾经经历过的不公也会像催化剂一样催生出愤怒的情绪。愤怒的产生跟我们的需求有关，一旦爆发，往往十分猛烈。但即使它像电闪雷鸣，也不是从万里晴空突然降临的。我们常常会说："愤怒在我体内慢慢上涌。"没错，愤怒是一点一点发展、累积起来的，就像液体一滴一滴注入橡木桶中。

— 案例 —

橡木桶满了

那是一个寒冷的 12 月下午，接近傍晚时分。我从办公室出来，要到公交车站换乘。在赶公交车之前，我急匆匆地跑到马路对面的超市，去买牛奶和几样别的东西。我从一开始就又烦又饿，心情也不好。收银台前排着长龙，有人插队，人们很不满，相互之间嘀嘀咕咕，引发一阵骚动。结账后我的心情变得更加烦躁，提着装得满满的购物袋走出超市，我看到要搭的那辆公交车已经到站。交通信号灯刚刚变黄，我就冲过去想赶上那班车。结果啪的一声，购物袋破了，牛奶、苹果和其他几样东西滚到了马路上。

我一个人匆忙地收拾散落在地的物品，没人来帮忙。这个小意外给交通带来了不小的阻碍，司机们愤怒地按着喇叭，不停催促。我终于跑到公交车站，公交车司机却已经把车门关上了。他肯定看到了刚才那一幕！可还是没有让我上车！没有任何怜悯！我感觉一股怒气往头顶上冲。漆黑的夜晚，细雨蒙蒙，我在拥挤的公交车站又等了20分钟。

回到家，还在楼道里，我就听到了电视机的响声，打开房门，差点儿被一堆书包、运动鞋、外套和其他物品绊倒。透过卧室房门我看到，萨丽和两个朋友正在我的床上蹦来蹦去。薯片包装袋、巧克力和饮料瓶扔得到处都是。地上坐着两个邻居家的女孩，一个5岁，一个6岁。电视里正播放着《玛丽莲庭院》。

我和萨丽的约定是：不能看《玛丽莲庭院》！

我站在愤怒阶梯的第179级台阶上，脸颊涨红，随时准备爆发！

我想冲进房间！但在最后一秒，我停下来了。那一刻，父母课堂上的"教诲"浮上了脑海。就这个主题，我和各位父母探讨过多少次？我培训过他们多少次？在怒火就要爆发之前，先停一停，走出房间，喝一杯水，想一想究竟是谁的问题。

有一点很清楚，在我到来之前，孩子们没有问题。他们快乐无比，处于最佳状态。是我有问题。进门前"我的橡木桶"里的愤怒就已经快要漫出来了，随着最后一滴"玛丽莲庭院"的滴入而终于溢出。

所以，我没有做出那个在这种情形下大家很容易想象的看似正当合理的举动：放声大吼，暴跳如雷，关掉电视，把孩子们赶出房间，"布道施教"。

如同面对其他棘手的处境，目前的情况，那个能够力挽狂澜的提问就是："这里发生了什么事？"

一个简单的、探究客观事实的"什么事"，打开了人类大脑的通路，让它活跃起来。这个问题不带任何指责。也就是说，当有人做了某些"被禁止的事"，他也不需要辩解，不用勉强给出理由。虽然如此，我们还是期待着一个答复。

"这里发生了什么事"很有可能让萨丽的头脑中闪过了以下情节：

"我们在看《玛丽莲庭院》，这其实是不被允许的。"

"我们都坐在爸爸妈妈的床上，这其实是不对的。"

"整张床上一片狼藉，到处都是食物碎渣和巧克力，这看起来特别不像样。"

"书包和其他杂物乱七八糟地放在走廊里，这其实也不应该。"

她头脑里已经自动得出这个结论：此刻上演的不是什么好戏，更像是一部"禁片"（因为违反约定）。

萨丽确实也马上开口解释："别着急，妈妈，电视节目马上就结束了。然后我们就把这里全部收拾干净，整理好。"她的语气像是安慰，也像是道歉。

我问孩子们："你们明白电视里讲的是什么吗？"小女孩们先是一个劲儿地点头，其中一张小嘴里蹦出两个字："明白！"

我忍不住抿嘴暗笑，因为电视屏幕上这一集的主题是：50 岁以上已婚人士的性功能问题。

我友好而坚定地说："不过这个节目现在该结束了！我们家有一项约定——不看《玛丽莲庭院》，因为这个系列不适合小学生看，更不适合幼儿园小朋友看！"

孩子们只说了句："哦，不要！"此时一切都落幕了。节目结束了。晚上我和萨丽就这个话题又进行了一次详谈！

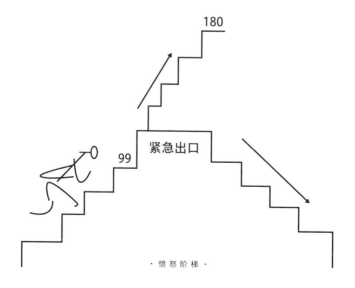

· 愤怒阶梯 ·

下面这幅图，"愤怒阶梯"，展示了愤怒的形成过程。我们其实能够感觉到，自己是如何一步一步攀上愤怒情绪的巅峰的。当数字来到180，我们便会爆发出来。但是正如愤怒有可能从某处一步一步攀升，我们也同样有可能让它从那里一步一步下落。

当愤怒的情绪上升，何时拉起紧急刹车，让它回落，这完全由我们决定。而找到那个恰当的时间点，则是一门艺术。比如我们可以在数字来到50、70、99，甚至是179时停下来。这是我们的决定，而作为父母，我们也有责任在可能出手打孩子之前，找到那个紧急出口。我们应该提前上路去寻找一些"出口"，这样才能在情况陷入紧急之时，有退路可走。如以下办法所示，这类"出口"有很多。这些办法皆收集自父母课堂。

想一想，哪些办法可能适合你？你会选择哪种？

○ 大声咒骂着跑出房间

○ 捶枕头，踢门

○ 绕着小区跑一圈（但请提前说一声你还会回来）

○ 躲去另一个房间或者地下室

○ 从1数到100

○ 喊出下面这句话释放情绪："我很生气，恨不得打你一顿，但我不这么做，因为这样解决不了任何问题！"

○ 其他办法

☙ 孩子对父母的沮丧和"愤怒状态"的反应

当孩子感受到父母的不满或者愤怒时，他们仅在极少的情况下能做出表示理解的回应，更别说安慰了。更多情况下，他们会变得不安，表现出害怕，进行攻击或者回避。具体出现何种表现，跟他们的年龄有关。出乎意料的是，孩子往往会认为自己是父母情绪的"罪魁祸首"，不管原因是否如此。另外，孩子能够非常确切地感受到来自父母的那些或明或暗的指责，并把过错记在自己头上。他们的反抗可能表现为回避、不安、攻击性行为或者某个年龄段的"调皮捣蛋"。

作为父母，即使认为孩子是我们发怒的原因，我们还是要为整个事态的演变负责，并寻找那把解决问题的钥匙。迈出改变的第一步的应该是父母，而不是孩子。

对事情的解释或者澄清应该尽早进行，不过，晚做还是好过不做。由此可以避免误会的产生以及它给亲子关系带来的负面影响。在某些情况下，迈出第一步看起来好像不可能——检讨自身行为的动机、表达愿望以及让孩子适度地参与，这些都需要我们拿出时间，付出耐心，鼓起勇气，诚实地面对，也许还要尝试一些并不保证能让我们达到目标的新方法。

能量补给

我们无法得到想要的一切！我们不愿意什么都放弃！不是所有的事情都能成功！这些人尽皆知的道理，既适用于父母也适用于孩子。忍受失望、沮丧，遇到困难时抱有"生存下来"的希望，并不断寻求妥协，这些听起来像是陈词滥调，却也是为人父母的必修课。

作为父母的我们，既然要把这么多的能量和精力投入养育子女、家庭生活以及工作，那么，我们可以，甚至必须考虑如何让能量从其他地方再回流到我们身上。让自身的能量电池蓄满电，保持精力充沛，是我们在日常生活中感受到快乐和满足的重要原因。

为自己补充能量的方式各有不同，有人喜欢去桑拿房，有人喜欢做运动，有人喜欢和朋友聚会，有人爱逛街，有人喜欢看电影、听音乐会，还有人享受做手工或者走进大自然。不论是什么，重要的是，每一位母亲，每一位父亲，时不时地都应该做些自己认为美好的事情，给自己充电赋能、"放放风"，不被那些"好像"更重要的事日复一日地消耗注意力！

伴侣关系的维护

伴侣之间的关系需要经常性地、有意识地维护，不论是每天、每周还是每两个月一次。每两个月一次已经是极少了，但极少维护还是好过从来都不维护！

尤其是在子女令人操心的幼儿期和青春期，父母往往有忘记维护他们之间关系的倾向——可能只需要一些重要的、彼此关注的细节和爱的示意。粗心大意往往会埋下分居或离婚的种子。日常生活内容重复而且乏味，可能会掏空伴侣之间的兴奋感，泯灭对彼此的期待和喜悦。

有意识地维护伴侣之间的亲密关系，发现彼此之间更多的共同点，能给双方带来力量和"新鲜空气"。另外，伴侣之间保持最基本的满意度，也会更容易掌控和忍受孩子带来的烦恼。因此，对伴侣来说，不时地享受二人世界是绝对必要的。不带孩子，尽量也不要叫朋友，只是两个人，一起做些美好的事情……比如说，给性生活留出充足的时间！

维护关系就像保养汽车一样。汽车也需要做防锈处理，必须定期接受保养，有时还要打蜡抛光，日常需要加油、做机械润滑。如果汽车不动了，我们首先会打开发动机盖，检查里面出了什么问题，寻找原因。如果找不到原因，就会把它送到专业人士那里咨询："我这家伙怎么不动了？"

为人父母的目标应该是，开放、适度地表达我们的感受、想法以及需求。我们不会辱骂他人，也不会让他人有负罪感，或者向他人施加道德压力。在这方面，我们也是孩子的榜样。

谈论自己的感受并不总是一件容易的事。我们比较擅长的是大吼大叫和发脾气。而忌妒、委屈、不安全感、不够好、无能等这些情绪则更多地会被我们隐藏起来。还有那些积极的感受，我们又是如何对待它们的呢？

所有的感受都应该被允许和接受，这既适用于父母，也适用于孩子。

不过我们要加上一个重要的限定条件：允许和接受所有的感受，不等于也要允许这些感受引发的所有行为方式。

所以，对某种行为方式的反应可以是这样的："我可以理解，你现在得不到巧克力，所以非常生气。饭前吃两块已经够了，但你还用脚踢弟弟，这种行为不能被接受！"

也可以是这样的："因为我没有给你钱去买那双鞋，你特别生气，这我可以理解。但我认为花 140 欧元买双鞋实在太贵了！你现在对我大叫，还像个小疯子似的上蹿下跳，这可不行……我们这是在哪儿？在动物园吗？""……来，你要是平静下来了，我们就可以想想怎么办。你确实需要买一双鞋！"

◉ 父母应该如何表达自己的感受和需求？
或者说，如何让想法、感受和言语同轨并行

我们需要从一个最重要的基本前提开始，即表达感受和需求时要真诚。也就是说，我们的言语要与我们的感受和想法保持一致。

一方面我们经常说，"孩子什么都听得懂，什么都看得懂"；另一方面，当要表达自己的真情实感时，我们就会发现，事情往往没有那么简单。

如果我们说的话和我们所感受到的、想到的不同，那么孩子就会觉察到，并为此感到非常困惑。他们不知道应该相信自己的耳朵，还是应该相信自己的眼睛。如果这种矛盾的表象经常出现，孩子就会长期对自己的认知感到不确定。他们对不同情境的预估能力将会减弱。我们作为父母便失去了应有的给予孩子方向和支撑的力量。

— 案例 —

真诚的表达

一种情境的多种不同反应。

案例一

因为跟伴侣吵架，我哭了。孩子走过来问道："你怎么了？"

第一种可能性："我没什么！"

对于孩子来说很明显，肯定有什么不对劲。他看到了妈妈的眼泪并且感觉到了她的悲伤，听到的却是："我没什么！"

孩子所听到的和看到的不相符。

第二种可能性："我很伤心，跟爸爸吵架了。但你不用担心，我们会解决好的。"

如果吵架确实跟孩子无关，你应该让他知道："这场吵架不关你的事。"这可以把孩子从问题中解脱出来。他会知道，他不是父母吵架的原因。

第三种可能性："我很伤心，因为你爸爸很不负责任，对我们一点都不关心。"

虽然父母对孩子表达感受时应该诚实，但不该误解为我们要把每一点细节都"强迫性地灌输"给孩子。父母中的一方对另一方进行指责和人格上的谴责会让孩子产生不安全感，并让他卷入要对谁忠诚的冲突里。视孩子的年龄，这里也可以对人和人的行为加以区分，比如父母课堂上，一位妈妈在她 8 岁的儿子面前的评论，就非常准确地展示了这一点：

"我觉得他做得不对。但即便如此，他还是你爸爸，你还是可以喜欢他！"

案例二

因为跟孩子吵架，我哭了。孩子走过来问道："你怎么了？"

第一种可能性："因为你特别不像话，所以我很伤心。你接二连三地让我失望！"

这类兴师问罪式的指责，贬低了孩子并让他产生负罪感，不会使他变得更强大、更有责任感。

另外，指责和兴师问罪基本上会自动引发对方的如下反应：奋起反抗，抵御指责，寻找其他有过错的人（最可能的就是站在他对立面的人）。从此刻起，谈话的内容将变得不重要，对话只会围绕着个人的自我防御来进行。至此，双方就都参与进了那场无休止的、相互指责的"乒乓球赛"。

而下面的案例却显示了，即使是面对年幼的孩子，真诚地表达我们的感受和想法也能带来意想不到的神奇效果。

案例三

萨丽拉扯我的裙角——解除负罪感。

晚上六点左右，我站在电炉边，准备着晚饭。快两岁半的萨丽，哭哭啼啼地抱着我的大腿，拉扯我的裙角。她很不舒服，我也是。

我正沉浸在自己的负面情绪里，想着工作上的问题。我很烦，心中愤愤不平，需要安静地思考。所以我暂时不想理她。我向她建议："还是到你的房间里玩一会儿吧！"没有任何效果。她继续哼哼唧唧，并试图把我拽向她的房间。我又对她建议道："你可以在餐桌这里看绘本！"

还是没有奏效。我变得更加不耐烦，因为我的思路不停地被她打断。我女儿啼哭着，因为我不想关注她的需求。

我思考着，现在能做些什么呢？向她吼叫？发号施令把她赶到自己房间去？可以想象，接下来会是一阵没完没了的拉扯，而这些都是我此时此刻最不希望见到的。我想不出什么好办法，决定放弃，我投降了，干脆把实情告诉了她："听着，萨丽，妈妈现在很不耐烦，心情很不好，但这不是你的错。我在跟办公室的人生气。这事儿太烦了，现在我必须好好想一想。"

我简直不敢相信自己的眼睛：萨丽竟然做起鬼脸，咧开嘴，对我灿烂地一笑，然后独自玩着袜子，进她房间去了。奇迹真的发生了！

提示

* 当父母遇到问题，比如情绪低落时，孩子常常以为这是他们引起的，内心便会处于不安的状态。父母清楚地告诉孩子"我此时此刻的坏心情与你无关"，便可以使孩子从负罪感中解脱出来。这有时确实能带来奇迹般的效果。作为父母，我们可以允许自己心情不好，而不需要勉强装出一副高兴的样子来。

* 有个情节显示，解除负罪感对16岁的青少年也同样具有意义。

女儿："你怎么了？怎么看起来不太对劲？"

母亲："是的，我感觉不太好，对自己很恼火。我没做好自己想做的，现在感到有压力！"

女儿："谢天谢地，我还以为又是我做错了什么呢！"

◉ "我—信息"

"我—信息"，即从"我"的角度传递信息，给我们提供了一种极佳的、清晰的、不带责备的表达需求的可能性。使用"我—信息"，会让我们在许多情况下能够保持真诚。这不是魔法公式，也不总能保证带来我们期待的结果，但非常值得去尝试。

"我—信息"的应用步骤：

1. 首先描述当前的状况，即正在发生什么或者发生了什么，不去假设和评价。

2. 给出理由，但不带有任何指责，阐述为什么某个行为此时此刻不对，阐述这一行为如何干扰或妨碍了我们的需求。

3. 如有必要，还可以说明当前状况引发了我们的哪种感受。

☞ 使用"我—信息"的结果

从"我"的角度传递信息，孩子便有机会一起思考并理解对方。这样他们便有可能采取自愿的行动，出于自愿地改变当下的状况——自愿地做一些好事。

我们的孩子都不笨，他们喜欢我们，爱我们，炽热而强烈。因此他们往往也想对父母做些好事，我们应该尽一切可能把这种机会留给他们。

尤其是当问题在我这里，当我对另一方怀有负面的感受时，"我—信息"的应用就更加值得一试。

使用"我—信息"，我们常常能避免让情况发展成道德说教、威胁、命令、禁止、谩骂，甚至掌掴。

提示

*　并不是使用了"我"这个字眼，我们所传递的信息就会自动变成"我—信息"。比如这句话："我觉得你太不像话了。"传递出的就纯粹是一种"高高在上"的指责，这是我们要杜绝的。如果你真的这么认为，那么我更建议你这样说："你所做的事，我觉得非常不像话。"

◉ "我—信息"案例：一个典型的家庭童话

那是多年以前的一个晚上，我刚读完托马斯·戈登的《家庭会议》，对他的"我—信息"这个想法印象极为深刻。当时，我男朋友又一次让他那张自由式爵士风萨克斯风琴唱片在整个房子里大声回荡。我正在跟芬兰的朋友通电话，连自己的声音都听不到了。怒火在我心中燃烧起来，向他怒吼的话就在嘴边，马上就要"喷发"："你这讨厌的家伙，赶快把你那该死的音乐声调小！"就在那一刻，我脑中闪过了"我—信息"。我收回了要说的话，想了一下，怎么做来着？步骤1："描述当前状况。"我大声地拉着长音喊道："我正在跟丽莉通电话！"

接下来呢？下一步是什么？我想了一下，步骤2："你的需求如何受到了妨碍？"我喊出了第二句话："我什么都听不见了。"

然后，就看到我男朋友走过去，把唱片的音量调小了。

那天晚上给我留下了极深的印象。我很赞叹托马斯·戈登先生想出了这样一个力挽狂澜的好办法，也庆幸自己使用了他这个办法。在那千钧一发之际，我差点儿就要说的那句话，不仅会给我那亲爱的男友贴上傻瓜的标签，对他横加命令，还会对他的音乐品位加以攻击。根据我对他的了解，那样做的结果很可能是：他把音量再调高一阶！……而给我造成的结果则是：不仅和朋友的通话泡汤，整个晚上的气氛，甚至和男友之后的关系都会受到破坏。

提示

* 上述案例可能会引起这样一种错觉，即伴侣或孩子总是会因为我们使用了"我—信息"而立刻变得明智起来。如果现在就抱着这样的期待，那么我们将会不止一次地失望。

* 首先要明确，不是因为我们"正确"地表述了某件事，所以其他人马上表现出了我们所期待的行为。使用"我—信息"，不是使用手段让别人服从！不是为了用柔和的方法来执行我们的意愿！而是要

让父母学会，更加有意识地、清楚地表达自己的愿望、需求和感受，以便留给孩子机会去理解我们。

* 在上面的例子里，假如我男朋友在我做了第二步之后还没有反应，那么就会轮到"我—信息"的第三步，即描述感受："我什么都听不到了，我就快要发火了，你这个家伙！"

* 假如他一直都没有反应，那我还可以请求、命令，到最后还有机会发出连篇的怒吼并拔下电源。也就是说，在这之前，我还可以采取好几种方式一步一步升级。只不过，我们值得先用第一档来慢慢启动，而不是马上开启第四档，猛踩油门！

作业

○ 控制愤怒的情绪。

○ 哪些情境会引起你的愤怒情绪？

○ 有哪些长期存在的导火索？

○ 你有哪些"急刹车"的方法？

同时请思考：

○ 在上述情境中，你可以如何预防愤怒情绪爆发？

○ 你有可能做出哪些与迄今为止不同的举动？

○ 你能否对引发愤怒的情境进行描述，与他人分享？

○ 其他人会怎么说？提出什么建议？

使用"我—信息"

○ 接下来的几天，请在与孩子和伴侣的对话中有意识地

　使用"我—信息"。

○ 请注意不要暗含指责！

父母开放、适度地表达自己的感受、需求和愿望，以便孩子不带困惑地理解我们。

我们不会辱骂他人，也不会让他人有负罪感，或者向他人施加道德压力。

在这方面，我们也是孩子的榜样。

我们如何
解决家庭中的冲突？

◖●

| 座右铭 | 我参与，我认同，我遵守。 |

☞ 矛盾和冲突是生活的一部分

每个家庭都有矛盾和争吵。任何地方的父母和孩子之间都存在冲突。如果父母能够调整自己的认知，并明白在家庭生活中，宁静和谐只是我们在某些时刻可以享有的一种幸福时光，而非常态，那么我们就会减少对生活的幻想和不必要的失望了。

绝大多数情况下，父母都是孤单地面对自己的难题，常常羞于和其他家长交流讨论，更不知道如何寻求帮助。他们总以为，世上只有他们家的孩子不好好睡觉、不好好吃饭，行为举止不像话。要是没有管好孩子或者没有安排好生活，他们就会认为自己是不合格的妈妈或不称职的爸爸——这种想法非常具有普遍性。不要认为冲突只是出现在你家里，其实矛盾无处不在，家家有本难念的经。我们听到父母这样说：父母课堂之所以能让他们感到减压，其中一个最重要的因素就是让他们认识到了所有的家庭都面对难题，世界上不存在完美的父母，也不需要完美的父母。

在孩子的成长过程中，以下阶段，所有家庭都会倍感压力和危机：

○ 第一个孩子出生，0~3岁这个阶段（也是夫妻关系面对压力的时期）。

○ 第二个孩子出生（已形成的家庭生活平衡可能发生波动，第一个孩子可能表现出忌妒）。

○ 分离阶段，比如父母分居、转学、搬家等（常常是所有相关家庭成员感到伤心和不安的原因）。

○ 送别意义上的分离，比如孩子上幼儿园初期、进入青春期、一个孩子即将或已经搬出去。

○ 父母在职场上或关系中感受到压力，包括亲属关系中的压力。

○ 财务困境和贫穷。

○ 疾病和死亡。

不论是成年人还是孩子，我们身上或多或少都会留下家庭中曾发生的变化的痕迹。频繁的动怒、不安、失眠或者逃避行为，乃至焦虑恐惧，都可能是这些变化的结果。孩子从中受到影响的程度，取决于父母带给他们怎样的体验，以及父母在这一时期如何引领孩子。

我们强烈建议每一对父母都时刻记住上述关联背景，如果我们正在为孩子的某些"讨厌"行为而头痛不已，也请保持警惕。当我们看问题的视角扩展了，也就有可能对孩子和孩子的行为产生更多的理解。

❧ 这是谁的问题?

在忙于寻找问题的解决办法之前，父母首先应该花时间思考一下：这到底是谁的问题?

如果父母能够先想一想"这究竟是怎么一回事"，那么问题也许会更容易得到解决。每一个问题情境都可能有不同的起始点：

○　我有问题，它困扰着我（见第 4 章）。

○　对方（孩子或者伴侣）有问题（见第 3 章）。

○　这是夫妻之间的问题。

○　这是孩子们之间的问题。

○　这个问题涉及所有家庭成员。

找出是谁的问题并不总是那么容易，也许以下提问会对我们有所帮助：

○ 这个问题让谁的期待、愿望落空了？

○ 谁的需求没有被照顾到？

○ 这个问题对谁的干扰最大？

○ 谁最先提出了这个问题？

○ 谁是最后负责解决问题的人？

如果察觉到了问题的苗头，作为父母，我们应该尽早过问，以免情况越演越烈。

因为问题难免会有重叠，有时我们很难分辨问题的主人："这究竟是我的问题，你的问题，还是我们所有人的问题？"不同的家庭成员对同一个问题的感知会大相径庭。尤其在情况不明朗时，父母应该大胆探问，言明自己所看到的，最好能把心里想到的说出来。提出问题，不代表要一并提供答案。换句话说：厘清疑问并找出问题所在，并不等于解决问题。在达成共识之前，我们往往需要大量的讨论，也需要投入大量的时间！

在前面几章中，我们已就孩子有问题和父母中一方有问题的情况构想出了一些办法。在这一章中，我们要处理的重点则是：一方面，当伴侣关系出现问题，即夫妻吵架时，我们可以怎么办；另一方面，当孩子之间出现问题，以及当家中所有人面对共同的问题时，我们可以如何应对。

最后，我们将以"设立边界"的一些想法来结束本章。

☛ 伴侣关系的问题：
如果父母吵架该怎么办？

有些争吵大人是瞒不过孩子的，也没有必要对他们隐瞒。但是如果父母发生争执，应该注意以下几点：

父母应该向孩子坦白承认，他们之间发生了争吵

父母想把两人之间的争吵瞒过孩子，这不太可能。我们都知道，几乎到处都有孩子的感知天线。父母可以坦白地对孩子说，他们之间意见不同，所以起了争执，但他们会努力让一切再回到正轨。如果事实确实如此，父母应该对孩子解释清楚，这次争吵不是他引起的。而当争吵结束后，父母也应该告诉孩子，他们已经和好了。

孩子不是裁判

我们要特别注意的是，父母不应该把孩子放到裁判的位置上。无论选择站在父母双方的哪一边，孩子都会陷入要对一方忠诚，而对另一方

背叛的冲突中。这种冲突是孩子自身解决不了的。不论他们说什么或者做什么，都是不合适的。如果站到母亲这边，他们知道会伤害父亲。如果站到父亲那边，他们知道会让母亲受委屈。如果让孩子当裁判，他们就会感觉到不得不伤害自己的父母，这种状况会令他们难以接受！

"说啊，我才是更好的那个。"

为了帮助孩子形成强烈的自我价值感，应该允许孩子保留既喜欢爸爸也喜欢妈妈的权利和自由。不管父母将来有一天会如何看待对方，一方认为另一方有多么恶劣，但每个孩子都应能为自己具有父亲或者母亲的某个"个性特征"而感到骄傲（哪怕只是漂亮的头发）。如果父母中的一方给另一方贴上了"恶魔"的标签，那么孩子也会自动受到牵连。因为他知道，自己的身体有一半来自那个"恶魔"。

不在孩子面前使用暴力

父母之间应杜绝在孩子面前使用暴力，这点是十分明确的。这对孩子成长所造成的伤害性后果，等同于让他亲身"经受暴力"。亲眼看着父母彼此侮辱对方的人格，孩子也许会担心某一方的生命安全，感到矛盾纠结又感到无能为力，因为他想帮忙，却帮不上。这些都构成了孩子的创伤性经历，造成的影响往往会持续一生。

提示

*　当伴侣关系紧张时，我们应该警惕，不要把不恰当的责任施加给孩子。对于父母而言，孩子既不是法官，也不是治疗师，更不是伴侣的替身。这些都是孩子所担不起的责任，会阻碍他们成长。

❧ 孩子之间的问题

我们其实非常清楚，父母没有必要插手孩子们的争执，因为通常他们都能自己争出一个结果来。

可是在孩子们那些日常的小打小闹里，我们还是会迅速站到一群孩子里年龄最小的那一边。"他还小，还做不了这个，你已经这么大了，应该更懂事，让着弟弟妹妹"——这些评论在我们大人听来十分有道理，但在孩子的耳朵里却并不是那么一回事！其后果常常是，孩子之间产生羡慕、忌妒的情绪，并会背着我们做一些"报复性还击"，而我们根本找不到"罪魁祸首"。与其如此，我们不如试着用诸如以下言语，来让这些在前方"作战"的孩子都变得强大起来："你们都很聪明，都有能力跟对方弄明白要怎么办。"另外需要注意的是，一个6岁的"大"孩子也还是小孩子，而一个3岁的"小"孩子有时也会对大孩子做出让人意想不到的"大举动"。

— 案例 —

姐弟吵架：战斗欲

某次父母课堂上的一位母亲谈到，在她家，儿子（11岁）和女儿（13岁）经常一到下午就发生战争。他们互相嘶吼，还会咬对方，扯住对方的头发互相踢打，像疯子一样跳来跳去。母亲受不了了，担心孩子们会受伤，甚至担心他们会把对方的眼睛挖出来。所以她每次都插手，试图从中斡旋，制止孩子们的战斗，有时她也会一起大喊，不停地警告孩子们住手。

有一天她回家时，刚好姐弟俩又打得不可开交。可还没等她开口，弟弟就对姐姐说："来，快到我们房间去，那里妈妈管不着，我们可以痛痛快快地继续较量。"说做就做，两人意见达成一致，一同走进了他们的房间，惊天动地的比试又开始了……

这位母亲一个人站在走廊里，目瞪口呆：又长见识了！

☽ 家庭中困扰所有人的问题时间段

您是否也曾经历过每天三次的危机时段——早上、中午和晚上？至少在这方面全职工很幸运：他们不用经历中午的危机时段，每天少了一次烦恼！

从父母课堂中我们得知，所有父母或多或少都经历过下面这些情况。

○ **早上**：孩子不想起床；不想穿衣服，或者想穿不该穿的衣服；不想吃早餐，或者想吃不该吃的东西。

○ **中午**：孩子回到家，情绪不佳，把东西扔得到处都是，房间里一片狼藉；他们吃不该吃的，做不该做的，不写作业或者抱怨作业太难；

他们找不合适的朋友一起玩或者不跟朋友一起玩。

○ **晚上**：孩子不想睡觉、想看电视，在不合适的时间看不合适的节目；想跟网友聊天，沉迷于网络；不想洗脸，不想刷牙，不想收拾房间。

各种压力加上忙碌，烦恼加上坏心情，每天早上，每天中午，每天晚上，父母陷入无休止的烦恼旋涡，不知何时会有所改变……

❧ 解决冲突的技巧

我们到底能做些什么？

○ 首先让自己充满力量（见第 4 章）。

○ 接着厘清问题——这里发生了什么？是谁的问题？我们能做什么？

○ 第一种可能性：用清晰的语言果断地向孩子下达指令。

○ 第二种可能性：协商、达成一致。

○ 第三种可能性：尝试把上述两个选项结合，即"临时紧急冲突解决法"。

沟通——共同寻找解决方案

彼此协商，交换立场，这不只是商人和政客的策略。当家庭出现问题和冲突时，我们也有必要通过沟通、商讨，在包括孩子在内的所有家庭成员之间交换立场和想法，共同寻找解决方案。

鉴于此，我们协商的目的是：共同构建想法，并最终形成各方都能接受的解决方案。协商的优势在于以下几点。

○ 所有人都参与进来，每位家庭成员都能体现出对其他家庭成员的尊重。

○ 我们在家中就可以学习协商。作为解决冲突的策略，不论是在私下还是在工作领域，它都会让我们终身受益。

○ 正确使用协商会给我们带来诸多乐趣。

○ 通过协商，往往会产生理想的、富有创造性和多样性的解决方案。

○ 共同协商时，责任被分担了，没有谁必须独自为某事负全部责任，没有谁一定要知道所有事、解决所有问题。

○ 平等地协商展示了人与人之间的信任。所有人都能做出贡献，都有能力通过共同思考形成意见并找出解决方案。

○ 共同做出的决定更容易被所有人接受。

○ 通过协商，我们最终还可以赢得时间。因为所有参与者都更有动力去执行共同的决定，我们也就不会再被那些倔强不顺从的成员拖慢脚步了。

☞ 解决冲突的步骤

（一）定义冲突

○ 这是什么问题？问题的具体表现是什么？牵涉到谁？和对方有怎样的关联？

（二）设定目标

○ 什么是需要改变的？

○ 每个人都有什么愿望？

○ 何种目标能被所有人接受？

○ 朝着目标改善的最小步骤是什么？

（三）解决问题的建议（先收集建议，而不做任何评价）

○ 为了改变现状每个人能做什么？

○ 所有人都可以且应该提出一切可行的甚至暂时看来还不太可行的建议。

（四）斟酌建议

○ 开诚布公地表达意见，寻求协商。

○ 每种方案都会带来哪些后果？

○　各种建议能实施还是不能实施，出于哪些原因？

（五）达成约定

○　所有人都满意了吗？

○　每个人都为遵守约定承担责任了吗？

○　如果有人不遵守约定，我们该如何处理？

○　约定不是最终的协议，所以应商定一个试行期（比如一周）。

（六）落实到现实生活中的准备事宜

○　如果有人忘记遵守约定，谁来提醒？（不一定每次都是母亲或者父亲。）

○　确定下一次的商谈时间。

（七）观察所选定的行动计划在日常生活中是否有效

○　如果约定得到遵守就给出积极的反馈。

○　试行期后对情况进行复盘：过程怎样？大家都满意吗？

○　可能制定新约定，比如进一步扩展目标。

如果是有关整个家庭的决定，我们强烈建议所有人都参与到协商中来。不要等到冲突出现时才开始协商。如果我们就共同事务（比如日常生活中的三个危机时段）事先达成共识，且让包括最年幼成员在内的所有家庭成员都参与进来，那么就会省去很多争执。有了协商结果，我们还可以把它贴或挂在所有人都看得到的地方。

提示

* 请不要制定僵硬的、带有惩罚措施条款的"法典"。这样的条款只会让每个人都感受到巨大的压力，谁也不会高兴。规则和约定应该使我们的共同生活变得更容易，而不是更复杂。

◉ 让孩子参与进来：我们如何共同解决问题？

— 案例 —
搬家

有位父亲向我讲述了这样一件难忘的事情。因为换工作，全家都得随他搬到另一个城市去住。孩子们不想离开熟悉的环境：房子、学校和朋友。他和太太对此深表理解。于是他和太太以及孩子们共同约定，只有找到一套全家人都满意的公寓或者别墅，才会搬到新城市。他们考虑了所有家庭成员的意见，所有人都参与进来了。做决定的过程不是很容易。他们谈了很多次，也吵了多次，每个人都不得不删掉几条自己的要求。最后，他们终于找到了一套无论是大小还是位置都令所有人满意的住宅。搬家一年后，整个家庭对新环境都非常满意，在这个新城市，每个人都找到了属于自己的位置。这位父亲深信，从一开始就让孩子们参与到找房子这件事中来，即使花了不少额外的工夫也特别值得。搬家的重点就是找房子，通过在找房子时把所有人的意见都考虑在内，搬家也就变成了大家共同的事。如此一来，每个人也都更容易适应新环境了。

◕ 临时紧急冲突解决法：二选一法

解决冲突并非每次都要提出一个理想的"专业版"解决方案——不一定每次都要周末全家人围坐在桌边，拿出七个步骤反复商讨。在某些情境下，我们需要一个快速的"临时紧急冲突解决法"。以下三个步骤常常有效。

1. 描述情境，说明发生了什么事："糟糕的事总是突如其来……"
2. 提出问题："我们现在怎么做？"
3. 让涉事者自己提建议。

只有在孩子没有给出任何建议的情况下，父母才应该提出两个选项："我们做 A 还是 B？你怎么认为？"

在这里，即使只有半分钟，你也应该给自己和孩子留出时间，鼓励孩子一起参与解决问题。比如你可以说："帮忙想想有什么好办法，你肯定行！"或者当孩子表示拒绝时，你可以说："宝贝，帮帮忙，让我明白你是怎么想的！"

— 案例 —
雨衣的谜团

那是一个寒冷的、灰蒙蒙的 11 月的早上。我们该去幼儿园了，而且要骑自行车去。外面下着雨，3 岁的萨丽已经穿好衣服，坐在走廊里，边上放着她应该穿上的雨衣。我已经要求了好几次，让她把雨衣穿上。我还在收拾其他东西，却看到她坐在那里一动不动。我又催促了一遍，带着些许严厉。

"请你现在把雨衣穿上！"萨丽依然没有任何反应。此时我已经登上了愤怒阶梯的第 4 阶。

"就要到时间了，我们必须马上走。"还是没有任何反应！我到了走廊，她还是没有任何行动的意思。

雨衣还是放在地上。我到了愤怒阶梯的第 5 阶："再说一遍，把那该死的雨衣穿上！外面下着雨，要不然你会浑身湿透，还会感冒。现在必须穿好。"我完全占据着"理性的道理"。

萨丽的嘴角撇了下来，她哭了起来，抽泣着说道："我不想穿雨衣。"

我特别愤怒，有种冲动，想用我的威严把雨衣从她头顶套上去，跟她说："好了，一定要穿雨衣，就这样，没得商量了。"但我知道，用强迫的方式达不到我想要的结果，她完全不吃这一套，我已经太多次收到适得其反的效果了。如果我现在跟她开始一场权力的较量，就会没完没了，只是平白地浪费时间、浪费精神。为了能控制住自己的情绪，为了能好好想一想"从这么多次父母课堂中我自己到底学到了什么"，我在房间里走来走去……

协商技巧的七个步骤我一时之间想不起来！好吧，现在只能试试"临时紧急冲突解决法"了。

"萨丽，外面下着雨，而我们现在必须去幼儿园。你不想穿雨衣，我们怎么办？"

萨丽没有出声。这次我也没有可供她选择的替代方案：我没有小轿车，公交车不经过这里，打着伞走过去太慢，也没有别的雨具。

这时，我不知从哪里又想起了那句力挽狂澜的话："孩子，我现在不明白你想要什么，请帮帮我，让我明白你是怎么想的。你说不想穿雨衣，这件雨衣到底怎么了？"

她开始一边抽泣一边解释道："我在幼儿园的沙堆上玩儿，然后……然后……那雨衣上的丝带把我绊倒了，弄得到处都是沙子，游乐室里也有，老师把我说了一顿。"

"啊，天哪！怪不得你不想穿雨衣！"我说。走近一看，她的雨衣上果真有一条长长的丝带。

我问她："如果我把这条丝带剪下来，会不会帮到你？"

她可怜巴巴地说了一声："好吧。"我拿出剪刀，咔嚓一剪，就把丝带剪断了。

萨丽不哭了，穿上雨衣，我们出发了。从提问到穿上雨衣，只花了两分钟。（还需要我再做过多的解释吗？）

总结——从这件事中我们学到：

○ 谁也不需要丢面子，没有赢家或者输家。

○ 我们可以让自己停止攀爬"愤怒阶梯"。

○ "临时紧急冲突解决法"可能快速带来一个不错的结果。

○ 此处的关键是，父母要想办法去理解孩子行为的动机——他这样做是出于什么原因。尤其是当孩子表现出那种看似顽固的"不要、我不想"的行为时，父母应该首先停一停，使用共情去倾听一下孩子的想法，看看是否存在一些原因，是我们有待理解的，比如孩子有恐惧、不舒服的经历，或者类似的其他什么。孩子每次顽固地说"不要"，并不都是在向我们发起挑衅或者有意对抗。当孩子拒绝做什么，他们往往都有充足的理由，也能给出一个解释。

— 案例 —

从幼儿园里偷出来的玩具车

似乎在许多家庭中都发生过这一幕：有一天，餐桌上放着一个从幼儿园里偷来的小汽车。

朱利安（7岁）和妈妈坐在桌边！

成人的第一个反应会是：震惊！掺杂着羞耻、罪恶感和愤怒——天哪，我的孩子竟然偷东西！

这里也有两种不同的反应方式。

第一种

"真不像话！偷东西，你这肯定不是第一次了。明天早上立刻把车还回去，然后向老师道歉！"

构成这种反应的要素是：吼叫，对孩子整个人做出评价"不像话"；主观设定"肯定不是第一次了"；最后，进行命令"你明天去……"。

第二种

妈妈："餐桌上现在有一辆偷来的小汽车。我们怎么办？"

朱利安："我不知道。"

妈妈："偷东西肯定不对，这个你知道！每个人都必须知错能改。你认为呢？"

没有答复！

妈妈："再好好想想，你又没有摔坏脑袋！今天晚上我们再聊聊这件事！"

重要的晚间谈话，千万不要忘记了！

接下来的过程可能像下面这样。

妈妈："呐，现在你怎么看待这件事呢？你想出什么好办法了吗？"

朱利安："没有。"或者："妈妈，你把车送回幼儿园吧！"

妈妈："车是我偷的吗？还是你偷的？所以啊，这不是什么了不起的好主意。这辆车肯定要送回去，这点没错！有谁可以协助你做这件事吗？你是想让马克斯明天陪你把车送回去呢，还是要我陪你去？"

划重点

作为父母，我们不要直接给孩子提供现成的答案，而是：

○ 给他足够的时间自己去分析、思考这件事。

○ 通过以上方式，让孩子有机会为自己的行为负责。

○ 父母给孩子机会自己找到解决办法，可以提升孩子的创造力和解决问题的能力，在理想的情况下，还可增强他们的自我效能感。

○ 这不是要把解决问题的责任全部推到孩子一个人身上。成人通过提问"我们现在做什么"已经展示出了自己一直在旁边陪伴，而不是说"看你怎么摆平这件事"。

同样，孩子在这段时间里可以自己思考，如果出于某些原因很难自己做出决定的话，他还可以恳请他人给他几个解决问题的建议并加以参考。

问题的重点不是"是否"要把偷来的小汽车送回去，因为这是"必须做的"，而是"如何"送回去！而且朱利安也不应该忘记向幼儿园的老师道歉。

在这类情境中，作为父母的我们可以把自己看重的价值观明确地重申一遍。

我们大可不必把自己的震惊情绪隐藏起来。在强烈的冲突状态中，人自然会有强烈的感受。

❊ 解决冲突的一些额外帮助

请尝试其他途径

与其不停地在孩子耳边"诵经念咒",我们不如尝试一些其他方法。比如,每当孩子迈出第一步,我们都去关注,就算孩子还很小,也对他做出肯定的评价。

— 案例 —

穿上一只袜子了

克里斯汀娜是一个 4 岁男孩的妈妈。在父母课堂上,她绝望地讲述了一个每天早上都会发生的场景。儿子穿衣服时磨磨蹭蹭,没完没了,所以永远都是同一出剧目——妈妈在楼下大喊:"把衣服穿上,我们要走了,你还没穿好吗?快点儿,还有 10 分钟了……"她烦躁地上楼走进儿童房,像个赶骆驼的老头那样赶着儿子。

课堂上其他父母的建议是:"克里斯汀娜,我们上一次课谈了积极视角的魔力。那就去关注任何一件他已经做成的事吧！不管他迈出了多么小的一步，只要是他做到了的，就拿这件事去赞美他吧。要记住别用任何负面的表述，别说'我们必须怎样怎样，你就不能怎样怎样，怎么还没有做完'这些话，只用积极的语言。"

第二天早上，克里斯汀娜又很赶时间。她刚想说一些负面的话，但忍住了，朝她儿子那边看了一眼，发现了一点积极的信息：已经穿上一只袜子了！

克里斯汀娜看着儿子，用赞赏、轻松的语气说道："太棒了，孩子！你已经穿上一只袜子了，现在让第二只袜子自动跳到另一只脚上！"

她咬着舌头让自己不要再说任何其他的话，赶快下楼去了！接着，她简直不敢相信自己的眼睛，两分钟后，儿子穿好衣服，跑到楼下，站在她面前，骄傲得就像得了奥斯卡金像奖！

就早上磨蹭或者如何做到准时出门这个话题，你还可以找到许多其他办法！

请记住，让孩子参与，跟孩子一起想办法！

父母课堂上的例子

○ 让孩子晚上找好第二天要穿的衣服——允许有奇异的搭配；如果第二天会下雨或降温，把要替换的衣物也考虑进去。

○　把闹钟调早

○　让闹钟一直响

○　使用沙漏计时器

❉ 询问孩子，
孩子往往能找到适合自己的最佳答案

— 案例 —

数学还是足球

爸爸正在和10岁的托马斯做数学习题。这时，7岁的约翰闯了进来，欢呼雀跃道："爸爸，爸爸，足球比赛我们赢了！"还没有喘口气，他就讲起了比赛的详情。托马斯不耐烦地看着，父亲察觉到了这一点。一场典型的需求冲突，一个带着极大的热情想要汇报刚刚发生的事，另一个想要或者必须安静地做练习，还要爸爸陪着。

爸爸首先祝贺了小儿子在足球比赛中获胜，然后说道："孩子们，我很为难，约翰想讲讲有关比赛的事，但托马斯正在跟我做数学练习。

我们现在要怎么办？你们有什么好建议吗？"

托马斯回答道："让他继续讲吧，反正他已经开始讲了，再说我也挺感兴趣的！"

上述情况也是父母课堂中经常讨论的一个话题：一个孩子想这样，另一个孩子想那样，该怎么办？

○ 给孩子提建议的机会，这样父母就可以避免被指责偏心（尤其是当兄弟姐妹在一起时）。

○ 让孩子参与解决问题，也能激发他们的创造力。儿童权利可以非常简单地落实到生活里，这也是一个很好的例子。

○ 在解决冲突时，这种参与给孩子们提供了做好事的机会，他们还可以借此展示慷慨和自信。

○ 最后，也很重要："家"是这种民主沟通方式最好的练习场所。

如果孩子想不出任何办法，父母可以助其一臂之力。

练习镇定、保持幽默

你是否有时也会问自己：我现在一定要去干那件烦心的事吗？还是这次可以随他？

随遇而安有时会令所有人都放松下来。

比如，当孩子早上去幼儿园之前不想梳头发，那就可以破例一次："好吧，今天是忙碌的星期二！我们也可以破例一次，不梳头了！"

不过重要的是，要向孩子解释清楚，这次是例外，不代表每天都会如此。

让孩子为将要发生的事做好准备

如果我们和孩子一起去为将要发生的事情做准备或者做计划，就可以省去很多烦恼。

— 案例 —

让餐桌整洁

"下周末爷爷奶奶会来，姑姑松雅也会带着她的孩子们一起来拜访我们。上次他们来的时候，饭桌上一片狼藉，青豆和米粒到处飞。这样肯定不行。爷爷奶奶很生气。这次我们要怎么做，才能改善这种情况呢？"

— 案例 —

逛超市

"这周六我们又要去买一周的东西了。上周我们在超市里吵架了，这种事情我不想再经历一次了。让我们想一想，我们能怎么做？你有什么办法吗？"如果孩子没有提议，父母可以提供两个选项："要不我们这么做，在超市里你最多可以要价值两欧元的东西。或者你可以把这次的钱省下来，到下个周六，你就可以得到价值 4 欧元的东西。"

假如孩子虽然同意了只能买两欧元的东西，但到了购物地点却依然想要价值更多的物品，那么这时我们也必须把约定进行到底，不管他是否又哭又闹。如果引起购物场所其他人的不满，我们可以这样说："请原谅，我们正在为孩子设立一个边界。"当孩子平静下来后，再把情况跟孩子谈一下，要传递的想法是："今天在超市里那出闹剧是怎么回事？说好了就是说好了，不能改变！"

把心里想的说出来

把心里想的说出来，这一方法适用于多种情况。比如，当孩子出于这样或那样的原因不想跟我们交谈时，我们就可以干脆说出自己的思考过程，边想边说。

— 案例 —

一个人先安静一会儿

"刚才有个书包飞过了走廊！是不是有人生气了？"（没有声音）

"你能跟我说说发生什么事了吗？这样我才能更好地理解你。"（没有声音）

"我现在该怎么做呢？让你一个人安静地待着，还是再问几个问题？"（没有声音）

"我想最好还是让你一个人先安静一会儿。如果你愿意，等一下可以来找我，我就在这儿！"

如果我们无法马上处理某些事，可以把心里想到的说出来，这样不仅能安抚孩子，也能安抚我们自己。

— 案例 —

在淋浴时边想边说

几周大的小萨丽突然啼哭起来，当时我正站在浴室里淋浴，满头的洗发水泡沫。我感觉到一股惊慌瞬间蹿上头顶，接着就冲动地想这样湿漉漉地跑出去看她。

可我没有这样做。而是想到，我可以向她描述现在的状况："啊，小可爱！现在就醒了，妈妈正在淋浴，很快冲干净头发就去看你！"

在我冲洗头发、粗略地擦干这一小会儿，她大哭了起来。我继续跟自己，也是对她说出我的安慰和同情："我很能理解你现在特别生气，但现在就这一会儿，我们实在没有其他办法，就等一秒钟，需要一点点耐心！"这对我和萨丽都起到了安慰和平复的作用。

说出我的理由、表达同情、同时说出心里想到的话，就如同一张圆凳的三条腿，稳固地支撑着这张圆凳。而在后来许多困难的情境里，这张圆凳也让我得到了支撑。

未来与希望

对未来抱有希望，这是因为我们相信自己的养育过程，也相信孩子。这可以体现在一些很简单的话里，比如："你将来肯定可以……"

— 案例 —

总有一天会把外套挂起来

孩子从幼儿园回到家，把外套用力地摔到地板上。所有的警告和威胁都不管用，可以试着告诉他："也许我现在对你的要求过高了。也许你确实需要一些时间才能明白，外套应该挂起来。但你将来总有一天可以做到，最晚 20 岁吧，你就会把外套挂在衣钩上了。" 这样表态时应该自然流露出信心，而不是讽刺；我们应该显示出，此刻暂时不想再为这件事继续争论不休了。

转换视角并寻找 "不幸中的万幸"

如果"糟糕的事情"已经发生了，而最初的愤怒风暴也在慢慢减弱，那么就可以寻找"不幸中的万幸"了。这也是一种视角的转换，会带来些许安慰，并打开一扇门，让双方得以再次交谈。

通常在孩子做的那些"蠢事"里，我们都能找到积极的一面。从负面事件里发现积极的一面，并不代表全盘接受孩子的所有行为。而我们只要关注到，事情总有两面性，就有可能避免孩子或者青少年与父母之间的交锋僵持不下，从而让大家一直保有谈话的意愿。

相关例子

○ "只是自行车的车把坏了，最主要的是你人没事！"

○ "幸运的是只有一个玻璃杯翻倒了，而不是整张桌子！"

○ "你终于回来了，虽然你喝醉了，时间也很晚，但最重要的是你安然无恙地回家了！关于喝酒的事，我们明天再谈。"

给自己时间，也给孩子时间

最糟糕的结果往往由我们父母造成。当我们毫无准备地一头栽进或者被迫栽进某些情况里，就会出现这样的局面。我们不可能总是抖一抖袖子，就能抖出一个决定来。所以，请允许给自己和孩子留出一些时间。

不要不假思索地走捷径，不要冒着吵架的风险说"不"，不要就这样破坏气氛！只要给自己时间，允许自己慢慢来，某些争吵的局面就能避免。

所以请时常记得以下这个座右铭："即使很赶时间，也可绕路而行！"

比如，你可以先这样回答："我现在很难做出决定，不知道该怎么说。给我留点时间好好想想，明天再谈。"

或者，如果是一些突发情况，比如："妈妈，妈妈，我今晚可以到安娜家过夜吗？"你可以说："孩子，让我先进家门喘口气，休息 5 分钟，然后我们再一起想想可不可以。"

向他人倾诉

请和其他父母以及你的朋友多多交流。不要独自一人面对困惑和焦虑。就养育孩子的问题与人交流，常常会让我们感到十分放松和受益。如果你感到不知所措，那么请在问题固化之前寻求专业帮助。越早采取措施，见效越快。

当价值观彼此冲击时，可以问问自己："我是不是掉进了死胡同？"

"引导型养育风格"一方面能给予孩子有力的支撑，另一方面会强化他们对自己作为独立个体的定位。这对父母而言意味着要努力地去理解、接纳并尊重孩子的价值观和个性。这可不是一项简单的任务！

比如我们可以想一想，当孩子要在父母的"决定权"面前捍卫自己的"神圣价值"、态度、个人品位、着装风格、生活哲理和交友圈子时，会产生多少冲突。比如我们14岁的儿子要退出宗教课；15岁的女儿因为她19岁的非洲男友去买避孕药，想穿着领子快要开到肚脐的低领衫上学；儿子在眉毛上穿孔、戴饰品，把头发染成绿色，只说了一句"这就是我的人生"便辍学了。在这类情况面前，我们做父母的应该静默无声地站在那里吗？

绝对不能！我们应该清楚地表达我们的价值观和立场。可是，我们能把这些都强加给孩子吗？

　　青少年大多不会只因为父母有不同的想法就去改变他们的信念。比如当他们想文身，当他们穿着破洞裤子、染着绿头发到处走时，从他们的角度来看，这些都是没有任何问题的。他们觉得，父母因此而发疯真是白费力气！青少年所在的立场是，他们的态度是父母管不着的。父母若是想把他们压到"成人的模子"里，他们便会反抗。父母越是试图强迫孩子，他们的反抗就会越激烈。如果父母执意要使用威严或者强迫的方式，青少年甚至会不惜以断绝关系为代价来捍卫自己的立场。

　　在价值观激烈碰撞时，我们做父母的有时必须咬紧牙关承认，介于我们和青少年子女之间的冲突，是不可能按照我们自己的想法去解决的。在那一刻，我们的榜样、观点、论据、理智和经验一点用都没有。

　　"我们会为你担心"这个理由虽然不是毫无意义，但远不会促使青少年改变他们的行为。他们自己没有任何担心，觉得父母的担忧完全多余、没有必要，甚至令人讨厌。

　　对青春期的子女来说，为了形成一种自我身份的认同，与父母之间划定界限并寻找自己的道路十分重要。

　　但这并不表示孩子会完全拒绝参与跟父母探讨的过程。如果父母让他们感受到，在家中，不仅他们的需求和愿望能得到照顾，而且从小到大，父母都会重视与他们之间的边界、尊重他们，那么他们就会更愿意参与父母的探讨。在父母课堂上，我们常常看到，那些出于口头上的"爱孩子"而在孩子面前表现得迁就、软弱、依从的父母，更有可能遭到青春期子女粗鲁的拒绝。

另外，当孩子意识到，探讨围绕着的是不同的价值观，即他们和父母之间存在的价值冲突，而父母只是苦口婆心地想劝他们放弃自己的信念，那他们几乎不会有任何协商的意愿。这时候，世界上所有的"我—信息"，就算表述得再巧妙，也不会起丝毫作用。

提示

* 为人父母的我们十分需要勇敢、镇定和智慧——勇敢地尝试去改变可以改变的，镇定地接受那些不能改变的，智慧地认识到这两者之间的不同。

❤ 设立边界

引导型父母的养育风格不是说谁想做什么就可以做什么，不考虑其他人！在许多情况下，我们都必须通过明确地表态，通过说"不"，甚至通过重重地拍桌子来设定边界，比如当事情关系到：

○　让孩子避开危险

○　遵守约定

○　重视他人的尊严

— 案例 —

跨年夜

那天是除夕。中午时，萨丽接到一个波兰裔同学打来的电话，邀请她要和其余几个伙伴一起参加在一个超市停车场举办的跨年庆祝活动。聚会时间是晚上 10 点。这家超市位于亚琛市一个急需改造的区域。伙伴中有某个来自扎伊尔的朋友，也许还有其他什么人也会来。

带着 13 岁孩子典型的狂热，她跑到我面前说："妈妈，妈妈，我好想跟那些男孩子一起庆祝跨年夜，我可以去吗？"

我说："不行，绝对不行！那个地方，那个时间点，那里经常发生的事情（包括不同团伙之间的暴力事件），都表明那里不是一个适合 13 岁女孩庆祝跨年夜的地方。"

接着就是一阵激烈的抗议："完全没有道理！为什么不行？根本就没有那么危险。妈妈，你怎么这么强势！"

我听到她叫嚷着走回去拿起听筒，大声叹了口气。让我特别吃惊的是，她的声音里不带任何怨怒，而是明显地如释重负，跟电话那边说："我去不了，我妈不同意。"

在这个故事中，我们可以注意几个细节：

作为成年人，我们有责任清楚明白地说"不"，这在上述情况里也设立了一道明确的防护边界。同时我们可能也帮助了孩子，让她没有在同伴面前丢脸。

我可以从女儿如释重负的语气里猜到，对她来说，停车场上的"晚会"听起来也有点儿恐怖，但她自己尚不具备勇气对同伴说"不"。

☞ 设立边界和说"不"，这都是孩子的权利

为了增强孩子的内在力量，使他们变得强大，不论孩子处于什么年龄，父母都应该让他们知道，他们也有权利为自己设立边界和说"不"。这点非常重要。这既适用于家里，也适用于以下情形：他们被其他孩子激怒，或者其他青少年和成人对他们造成侵犯。父母应该明确地给出许可，允许孩子和他们谈论所有令其感到可疑或害怕的事。

比如在以下情况中，孩子不仅应该被允许说"不"，也应该说"不"：

○　他们不想做什么

○　有人把他们弄痛

○　有人违背他们的意愿想抚摸或者拥抱他们

○　某事令他们感到不安或者受到惊吓

特别是如今的儿童和青少年，他们在生活中会经历许多诱惑和危险，学会自我防御和表现出"我—强"就变得更加重要了。

◖● 尊重

尊重他人以及寻求彼此理解，这应该成为我们家庭教育的一块基石。把这些传递给孩子，是父母的一项基本责任。这意味着，为人父母的我们应该承担起这样的职责：正如我们以尊重的态度对待孩子一样，孩子也应该对我们以及其他人表现出尊重。对此，我们可以有所期待，也应该向他们提出明确的要求。在不同的发展阶段，对孩子而言，带着尊重与周围人相处并不是理所当然的事。在某些阶段，孩子会试图跳到父母头上发号施令，或者把父母当成仆人来使唤；在某些阶段，他们还可能会排斥甚至欺压其他孩子。

不管是因为太累了，还是出于不确定该如何处理，父母都常对这种无礼行为置若罔闻。本身的不确定导致父母在这件事上丧失了行动能力。有些父母为了平息事态，甚至会选择放弃，任其自由发展，做出好像所有这些都不重要的样子。但这些不是无所谓的！

对于这种越界和不尊重的行为，我们父母绝对不能全盘接受，而是要表明立场。我们要说"不"，要使用"我—信息"、使用清晰的表述并说明理由，才不会长期助长孩子对我们和他人的无礼。反过来，我们也是孩子的榜样，孩子会透过我们的示范学习到，他们可以进行各种必要的防御而不必忍受别人对他们的无礼行为。

父母承担起这一部分的教育责任，给孩子设立边界，也会让孩子认识到，人与人相处时的彼此尊重，对于人类大家庭拥有满意的共同生活具有重要意义。

案例一

孩子对你说："你是个大傻瓜，根本就不明白！"

一种可行的反应：

"即使你很生气，我也不想听你骂我傻！这令我特别伤心！来，说一说我什么地方没理解你？"

案例二

你带儿子去看牙医，他板着脸闷闷不乐，既不说"你好"也不说"谢谢"，你很生气。

一种可行的反应：

"发生什么事了？既不打招呼说'你好'，也不说'再见'，这种不礼貌的行为我不能接受！"但这一切要在离开牙医诊所后再跟孩子谈。

案例三

你做了饭，女儿说："一点儿都不好吃！你看你又做了什么，像猪食一样！恶心死了！"

一种可行的反应：

"够了！我现在不想听这种评论。我希望你对食物和我做饭这件事都能够表示尊重！你可以说'谢谢，我不要了，我不想吃西兰花'或者'我不想吃这么多'，但不能说饭菜恶心。"

当受到他人不恰当的对待时，我们的抗议也是一种自尊、自重的行为：不要这样对待我！由此，我们的孩子也会透过我们所树立的榜样学习到如何用言语进行自我防御。他不必逆来顺受，或者更准确地说，他不应该逆来顺受。

提示

* 用明确的态度进行回应，意味着表述要清晰、说明理由要简短，必要之时甚至还要拍桌子以示强调。

* 跟孩子简短地说明原因："这样不对！这样不行！我不想听到你的侮辱。不能踢东西，不能打人。我不踢你，不打你，不说你是傻瓜，所以也不想从你那里听到这些话。"

* 这不代表孩子就会自动"听话"，但这向他展示了我们的立场以及我们看重什么。

☛ 当今社会的父母

在当今社会，为人父母已不再是一件容易的事情。我们从 20 世纪中期的战后匮乏型社会发展成了大约自 20 世纪 80 年代开始的富裕消费型社会，过去的父母必须采取拒绝的态度，对一切说"不"，而今天的我们则有了条件对孩子说"是"；加之人口结构也发生了改变，自然而然地，孩子的地位也提升了，他们变得非常宝贵；社会对父母、对孩子都有很高的要求和期待，而传统的养育方法则渐渐失效了。基于以上背景，我们感受到了为人父母的不易。保持强大、变得强大，对父母和孩子都具有挑战性。

除了要满足职场对我们的要求并让事业与家庭协调一致，我们还要对自己为人父母这件事满怀期待。然而，我们要求自己灵活、投入，却没有榜样和养育过程的示例可以遵循，有的只是上百个咨询顾问。这些因素都会让我们在养育的过程中感到方向难辨。

在这一社会发生转变的时期，每一对父母都必须独立构建自己的养育框架、日程、价值取向以及教育目标，因此父母值得让所有人去尊重、重视和认可他们的这一最高成就，也值得获得所有可以想象的支持。一套有利于家庭工作兼顾的社会框架也必须被建构起来。

德国大约有250万的贫困儿童，这一数字是庞大的。这些孩子被阻隔在了教育、健康以及社会参与之外。他们的父母常常感到力不从心、疲惫不堪。这些孩子和他们的父母必须被纳入社会的发展中来。

所有父母都想让自己的孩子拥有最好的一切。部分父母还会想尽办法帮助孩子成才，在孩子还上幼儿园的时候就送他们参加各种培训课程。这些父母往往感觉不到，这些第一眼看上去不错的好意图，不但是在过分要求孩子，也是在过分要求自己。

在今天，养育被分成了两极。一方面是以获得最高成就为目的的养育，配以机械性的训练、压力、严苛，同时也充满对成绩的期待，为此父母会有目的地、从早期就开始对育儿成才过分地投入；另一方面是给孩子很多自由空间的养育，也是把欢乐、发现、好奇、冒险、沙子、色彩、水和自然放在首要位置的养育方式。这两个养育的极端看似相互对立、不可调和。

脑科学研究者、医生、心理学家和教育学家们越来越反对父母在养育过程中进行过度养育和过高要求。他们提醒和呼吁父母，应更多地用自己的眼睛去观察孩子，相信直觉和健康人的常识，以沉着、淡泊的心态，给自己和孩子留下空余时间，以享受闲情逸致和什么都不做的时光。

我希望，当你遇到养育孩子的某些难题时，这本书能带给你勇气，也希望它能够为你独特的养育之路带来一些恰如其分的有益启示。

当家庭出现冲突和矛盾时，让孩子参与进来。通过彼此协商寻找解决方案。

父母一方面给与孩子有力的支撑，另一方面巩固他们对自己作为独立个体的定位。

正如德国大文豪歌德所说，"父母送给孩子最好的两件礼物是：根和翅膀。"

附
件

联合国《儿童权利公约》第 9 条至第 17 条（节选）

联邦家庭、退休人士、妇女儿童部发表的全文，可以在 www.bmfsjf.de 网站上以 PDF 资料的形式下载。

● **第 9 条【父母分居，个人处理】**

(3) 缔约国应尊重与父母一方或双方分离的儿童同父母经常保持个人关系及直接联系的权利，但违反儿童最大利益者除外。

● **第 12 条【重视儿童意愿】**

(1) 缔约国应确保有主见能力的儿童有权对影响到其本人的一切事项自由发表自己的意见，对儿童的意见应按照其年龄和成熟度给以适当的看待。

(2) 为此目的，儿童特别应有机会在影响到儿童的任何司法和行政诉讼中，以符合国家法律的诉讼规则的方式，直接或通过代表或适当机构陈述意见。

● **第 13 条【言论与信息自由】**

(1) 儿童应有自由发表言论的权利；此项权利应包括通过口头、书面或印刷、艺术形成或儿童所选择的任何其他媒介，寻求、接受和传递各种信心和思想的自由，而不论国界。

(2) 此项权利的行使可受某些限制约束，但这些限制仅限于法律所规定并为以下目的所必需：

a) 尊重他人的权利和名誉；

b) 保护国家安全或公共秩序或公共卫生或道德。

● **第 14 条【思想、信仰和宗教自由的权利】**

(1) 缔约国应遵守儿童享有思想、信仰和宗教自由的权利。

(2) 缔约国应尊重父母并于适用时尊重法定监护人以下的权利和义务，以符合儿童不同阶段接受能力的方式指导儿童行使其权利。

(3) 表明个人宗教或信仰的自由，仅受法律所规定并为保护公共安全、秩序、卫生或道德或他人之基本权利和自由所必需的这类限制约束。

● **第 15 条【结社与集会自由】**

(1) 缔约国确认儿童享有结社自由及和平集会自由的权利。

(2) 对此项权利的行使不得加以限制，除非符合法律所规定并在民主社会中为国家安全、公共秩序、保护公共卫生或道德或保护他人的权利和自由所必需。

● **第 16 条【私人隐私及名誉的保护】**

(1) 儿童的隐私、家庭、住宅或通信不受任意或非法干涉，其荣誉和名誉不受非法攻击。

(2) 儿童有权享受法律保护，以免受这类干涉或攻击。

● **第 17 条【与媒介物的接触；对青少年儿童的保护】**

缔约国确认大众传播媒介的重要作用，并应确保儿童能够从多种的国家和国际来源获得信息和资料，尤其是旨在促进其社会、精神和道德福祉和身心健康的信息和资料。为此目的，缔约国应：

a) 鼓励大众传播媒介本着第 29 项条约精神散播在社会和文化方面有益于儿童的信息和资料；

b) 鼓励在编制、交流和散播来自不同文化、国家和国际来源的这类信息和资料方面进行国际合作；

c) 鼓励儿童读物的著作和普及；

d) 鼓励大众传播媒介特别注意属于少数群体或土著居民的儿童在语言方面的需要；

e) 鼓励根据第 13 条和第 18 条的规定制定适当的准则，保护儿童不受可能损害其福祉的信息和资料之害。